親鸞

伊藤益

Ito Susumu

a pilot of wisdom

目次

序　章　悪への視角

悪人の往生

善人なほもつて往生を遂《と》ぐ。いはんや、悪人をや。

「善人でさえも往生を遂げるのだから、悪人が往生するのは当然だ」という意。親鸞の弟子唯《ゆい》円《えん》の書『歎《たん》異《に》抄《しょう》』の一節である。この一節は、親鸞関係の著作はもとより、日本思想史上においても、もっとも著名な言説といってよい。『歎異抄』は、親鸞の思想を忠実に伝える書とみとめられる。とすると、親鸞は、思想史上に前例を見ない異様な言説を提示していることになる。

「悪人の往生」という考えかたは、すでに親鸞の師法然《ほうねん》が述べており、『歎異抄』によって最初に示されたものではない。しかし、法然は、仏道に帰依する善人こそがまず第一に往生を遂げ、悪人の往生は副次的なものにすぎないとしている。『歎異抄』は、法然のこの考えかたを転倒させる。善人をさしおいて、悪人こそが阿弥陀如来《あみだにょらい》（弥陀）による救済の本来の対象として、浄土に往生を遂げる者となる、というのである。

善行を修める善人に先駆けて悪行を行う悪人がまず救われるという考えかたは、通常の道徳・倫理の視点から見た場合、奇怪なものといわざるをえない。「善人なほもつて往生を遂ぐ。いはんや、悪人をや」という言説は、親鸞の真意を伝えているのだろうか。真意を伝えているとすれば、親鸞は、仏者（仏教徒）としての道徳性・倫理性からはみ出していることになるのではないか。それとも、そもそも仏教そのものが、通常の道徳・倫理に反する宗教なのだろうか。

自己を厳しく律することによって「苦」に満ちた現世（現生《げんしょう》）からの解脱《げだつ》をはかろうとする釈迦《しゃか》の教えが、通常の道徳・倫理の枠組みから大きく逸脱するとは考えられない。虚言、妄語、殺生、姦淫などを厳しく禁じる仏教は、人間が日常を生きるための規範としての道徳性・倫理性を乱すどころか、むしろ、それを守りぬこうとする。ならば、右に掲げた『歎異抄』の言説の奇怪さ・異様さは、親鸞が仏教道徳・倫理の枠を個人的に踏みこえてしまったことによって生じたと考えざるをえない。親鸞は、戒律を破って恥じることのない破戒僧だったことになる。

現存の『歎異抄』の写本の一つ、蓮如本には、「右斯《こノ》聖教者《は》、為《ス》ニ当流大事聖教《ノ》一也《ト》。於《テハ》ニ無《む》宿善《しゅくぜんノ》機《ニ》一、無《ク》ニ左右《ニ》不《ル》レ可《ラ》レ許《ス》レ之《ヲ》者也」という、本願寺第八世法主《ほっす》蓮如《れんにょ》による奥書が記されている。蓮如は、「この書は、わが宗門浄土真宗の大切な聖教であり、これを、前世から積み重ねた善根のない者にむやみに見せてはならない」と述べている。

浄土真宗は、蓮如が大幅に信徒を増やしたことによって、隆盛を見るに至った仏教宗派であり、その信徒数は今日なお優に一千万をこえるといわれている。浄土真宗の宗祖はいうまでもなく親鸞であり、その教えを嚙みくだいて語る『歎異抄』は、同宗の基本文献だったはずだ。ところが、浄土真宗において、『歎異抄』は禁断の書としてあつかわれ、明治期になるまでは信徒のあいだでも広く読まれることがなかった。その理由の一つは、浄土真宗中興の祖蓮如が、右のような奥書を残したことにある。

ただし、蓮如は、一方で『歎異抄』を禁断の書と見なしながらも、他方ではそれを宗門にとっての「聖教」ととらえている。蓮如は、布教のための「聖典」として『御文《おふみ》（御文章《ごぶんしょう》）』を編んだ。その『御文（御文章）』のなかで、門徒にむかって、日常的な道徳・倫理にしたがうべきことを強調している蓮如である。もし親鸞が『歎異抄』のなかに「破戒の論理」を展開する破戒僧として姿をあらわすとすれば、蓮如が『歎異抄』を「聖教」として位置づけることなどありえなかっただろう。すくなくとも、蓮如の見定めによれば、「善人なほもつて往生を遂ぐ。いはんや、悪人をや」という言説は、道徳性・倫理性に反する内容を示すものではなかったはずだ。

もとより、蓮如の見定めが全面的に正しかったとはいいきれない。蓮如が親鸞の真意を見誤り、その言説に含まれた破戒の論理を見逃してしまったということも、ありえないことではない。しかし、『歎異抄』は、全体としては、人間の道徳性・倫理性を日常の奥底にまで分けいってたしかなものにしようという傾きを示している。また、蓮如は、彼以前のいかなる人物にもまして浄土真宗の教学に造詣を示した思想家である。これらの点を勘案するならば、蓮如の見定めが、親鸞の真意から逸れるものだったとは考えにくい。親鸞は、破戒の論理を展開する破戒僧などではなかったと見るべきだろう。

とするならば、「善人なほもつて往生を遂ぐ。いはんや、悪人をや」という言説をどう解釈すればよいのか。思想史を虚心に受けとめながら、そこに展開される思想を真摯に跡づけてゆこうとする（この「跡づけ」を、本書では、「追究しつつ思いをめぐらす」ことととらえて、以下、「追思《ついし》」と呼ぶ）者にとって、この問いは回避することが許されない重大な問題となる。本書の目的は、親鸞の思想が現代を生きるわたしたちにとってどのような意義をもつのかという視点から、この問題に応《こた》えてゆくことにある。

この問題を追思することとは、『歎異抄』が親鸞の思想を忠実に反映するという前提に立って、この書が「悪」や「悪人」をいかにとらえるのかという「悪への視角」をあきらかにしてゆくことを意味する。いいかえれば、それは、親鸞の「悪の思想」に迫り、その内実を解釈者（本書）の現実に即して浮き彫りにしてゆくことにほかならない。要するに、本書は、以下の論述をとおして、親鸞の思想のなかで「悪への視角」がどのような意味をになっているのかを、現在の視点から問おうとする。

だが、それを問うに先立って、あきらかにしておかなければならない事柄がある。「悪の思想」は、親鸞の主要な関心の一つであり、したがって、それにいいおよぶ『歎異抄』の文脈が親鸞の真意から逸れるものではないという点である。

従来の『歎異抄』観

『歎異抄』については、この書が一般に公開され、広く読まれはじめた明治期以来、多くの研究者や思想家によって、多様な論述がなされてきた。それらの論述は、おおむね、つぎのような認識のもとに展開された。『歎異抄』は、親鸞の思想を精確かつ端的に反映する書で、これを精密に読むことが親鸞理解の近道になるという認識である。たとえば、清沢満之《きよざわまんし》の影響下に独特の親鸞解釈を展開した暁烏敏《あけがらすはや》は、『歎異抄』を親鸞思想の本質を凝縮する書ととらえ、この書の綿密な解釈をとおして親鸞思想の真髄に迫ろうと企てた（『歎異抄講話』『わが歎異抄』など）。倉田《くらた》百三《ひゃくぞう》の戯曲『出家とその弟子』をはじめとして、野間宏《のまひろし》以下多くの作家たちが示した親鸞への敬慕も、おおむねそうした認識にもとづくといってよい。このように、明治期以来、多くの人々が『歎異抄』を通じて親鸞に出会い、彼に傾倒していった。

　ところが、近年になって、従来の『歎異抄』重視の傾向に対する異論が表面化しはじめた。この異論は、梅原猛氏の『誤解された歎異抄』や、山折哲雄氏の『悪と往生』などによって代表される。両氏によれば、『歎異抄』と主著『教行信証《きょうぎょうしんしょう》』（顕浄土《けんじょうど》真実教行証文類《しんじつきょうぎょうしょうもんるい》）をはじめとする親鸞自身の手に成る著述とのあいだには、異質な面が数多くみとめられるという。もし、その異質な面を強調するとすれば、『歎異抄』は、親鸞思想の精髄を端的に反映するどころか、むしろ、親鸞の真意をゆがめる書と解さざるをえないことになる。こうした異論を正当とみとめた場合には、『歎異抄』をおもな考究の対象として親鸞思想に迫ろうとする試みは、親鸞研究の方法として不適当なものだと考えられる。その場合には、「善人なほもつて往生を遂ぐ。いはんや、悪人をや」という『歎異抄』の言説に親鸞の「悪への視角」を読みとる本書の姿勢も、事の本質を踏み外すものといわなければならない。

　こうした異論は、じつは、梅原氏や山折氏によって最初に提起されたものではない。中世（鎌倉）仏教に関する近代的な研究が確立されたのは、明治末期以後のこと。その近代的な研究に従事する「専門的」な研究者の多くは、親鸞の思想を解釈するにあたって、『教行信証』をはじめとする親鸞自身の手に成る諸文献を一次史料と見なし、弟子の唯円が著わした『歎異抄』を二次的な史料として位置づけた。以来、「専門的」な親鸞研究をこころざす場合には、研究者は、親鸞自身によって書かれた文献に依拠しなければならないという「原則」が守られてきた。この「原則」にもとづいて研究をすすめる「専門家」の大半は、『歎異抄』を精読することが親鸞理解の近道だという考えを、いわば「素人の誤解」として否定する姿勢をとっている。

十九世紀的な実証主義にもとづいて史料の直接性を重んじるこうした研究態度が、「学問的」に見て堅実なものであることはあきらかだ。一見間接的に見える、弟子による伝聞よりも、師自身によって立てられた論を、師の思想を理解するための手がかりとして優先すべきだという主張は、正当なものとみとめられる。「学問的」視点に立って『歎異抄』への依存をあえて避けようとする「専門的」親鸞研究は、歴史的親鸞像を再現する試みとしては妥当なものというべきだろう。

だが、「専門的」親鸞研究の内部でもっとも重視される、歴史的親鸞像を再現することへの意欲は、どこまで意味があるのだろうか。親鸞は、師法然の意を体して、「学問的」認識の積み重ねはかならずしも「信」(信心)にはつながらないと説いた(『歎異抄』第十二条など参照)。このように、「学問」に対して終始批判的な姿勢をくずそうとしない親鸞を、「学問的」に理解しようと企てる「専門的」親鸞研究は、そもそも、その出発点においてすでに矛盾を抱えこんでいるといえはしないだろうか。また、そうした「専門的」親鸞研究において、かりに歴史的親鸞像が在るがままの実像として提示されるとしても、その実像は、現代を生きるわたしたちの「実存」にとって大きな意義をにないうるのだろうか。

本書のこころざす思想研究は、筆者が生きる現実にとっての、過去の思想の意義を問うものだ。本書の方法は、歴史的親鸞像の再現をめざすだけの在来の「専門的」親鸞研究のそれとは内質を異《こと》にする。親鸞の「悪への視角」をあきらかにし、その視角のもとに展開される「悪の思想」を追思しようとする本書は、思想研究の意義とは何かに論及することをとおして、そうした「異質さ」の内実と意味とをきわだたせておかなければならない。しかし、その前にまず、梅原、山折両氏によって代表される『歎異抄』批判に対して反論を示しておく必要がある。『歎異抄』を親鸞の思想からの逸脱やその歪曲を示す書ととらえる見かたが正当でないことをあきらかにできないなら、本書の以下の論述は砂上の楼閣になってしまうからである。

梅原説について

法然以後の浄土教の根幹をなすものは、『大《だい》無量寿経《むりょうじゅきょう》』にいう法蔵菩薩《ほうぞうぼさつ》の四十八の誓願《せいがん》のなかから第十八願を格別な願としてとりあげ、何よりもまずそこに信頼を寄せようという宗教的態度である。

法蔵菩薩の誓願とは、阿弥陀如来が、まだ仏にならず法蔵菩薩と呼ばれていたころに、一切《いっさい》衆生《しゅじょう》（生きとし生けるもの）の救済をめざして立てた誓いで、救済のためのある条件が満たされなければ自分は仏にはならないと誓うものだった。そのなかの第十八願とは、「十方の衆生が心から信じ喜んでわたしの浄土に生まれたいと欲し、わが名をとなえるとき、彼らがすべからく浄土に生まれることができないならば、わたしは仏にならない」という願である。法然は、すべての願のなかからこの第十八願を選択《せんじゃく》し、ひとえにこれのみを信じて、「南無阿弥陀《なむあみだ》仏《ぶつ》」と念仏をとなえつづけることを人々にすすめる。親鸞もまた師法然の思想を受け継ぎ、第十八願こそが浄土の教えの根本だという認識に立つ。

その親鸞にとって、宗教上もっとも重要な事がらは、わたしたち衆生が、弥陀の本願に絶対の信頼を寄せながら、弥陀の導きのもとで浄土へと往生することだった。親鸞は、浄土教の伝統にもとづいて、これを「往相廻向《おうそうえこう》」と呼ぶ。さらに、親鸞は、「往相廻向」によって浄土へと往生した者は、弥陀の慈悲の心をわが心となしつつ、その心をもって現世へと立ち戻り、いまだ救済を得ていない人々をあまねく慈しまなければならない、と説く。親鸞は、やはり浄土教の伝統にしたがって、これを「還相廻向《げんそうえこう》」と呼ぶ。

梅原猛氏（『誤解された歎異抄』）によれば、『教行信証』の記述などからもあきらかなように、親鸞のおもな関心は、この「往相」「還相」の二種廻向にあり、それをきわだった形で前面に押し出さない『歎異抄』が、親鸞の真意を十全に伝えているかどうか疑問である、という。たしかに、親鸞の信仰と宗教思想の原点が二種廻向に存することは否定できない。煩悩にまみれた凡夫《ぼんぷ》がどうすれば弥陀の浄土に摂《おさ》め取られることによって救済を得るか、また、浄土に摂め取られて仏となった者がどのような形で衆生利益《りやく》に寄与しうるのか、という問題こそが、親鸞がその生涯をかけてあきらかにしようとした主題であった。この点に注目するかぎり、梅原氏の見解は、事の本質を鋭くつくもののように見える。

しかし、親鸞が弥陀の「廻向」を問題にするとき、もっとも重要な課題となっているのは、煩悩にまみれた凡夫の往生がどうすれば可能になるのかという点である。いまかりに、煩悩にまみれた在りかたを「悪」と規定するならば、どうすれば悪人が往生を遂げることができるかという点が、親鸞にとってもっともさし迫った課題だったといってもよい。このことに関連して重要なのは、『教行信証』の「信巻」が『涅槃経《ねはんぎょう》』から阿闍世《あじゃせ》の物語（王舎城《おうしゃじょう》の悲劇）を延々と引用している事実である。

『涅槃経』によれば、釈迦在世のころ、中部インドの摩掲陀《まがだ》国の王子阿闍世は、父王頻婆沙羅《びんばしゃら》を幽閉して餓死させたという。かつて、懐妊中に、生まれてくる子はやがて父王を殺すであろうという予言に接した頻婆沙羅の妃韋提希《いだいけ》は、誕生後まもない阿闍世を高殿から落とした。幸いにも、指一本を折っただけで一命をとりとめた阿闍世は、長じて父王と対立するようになり、悪人提婆達多《だいばだった》に事の真相を聞かされるや、恨みを含んで父王への謀反を企てたのだ。幽閉された父王に死期が迫ったとき、悪逆無道な阿闍世にも悔悟の思いが生じた。それとともに、阿闍世の身体には瘡《かさ》ができて腐臭を放った。彼は、名医耆婆《ぎば》の勧めで、釈迦に教えを乞うた。そのとき、釈迦は、阿闍世の苦しみは悪逆を犯すすべての人々の苦しみであり、この苦しみが除かれないかぎり、自身が涅槃《ねはん》の境地にはいることはない、と説いたという。

親鸞は、大部にわたってこの「王舎城の悲劇」を引用することによって、仏教において決定的な悪とされる「五逆」(父殺しはその一つ)を犯した者が、懺悔《さんげ》を介して救済される経緯をあらわにしようとした。『教行信証』の主題の一つは、決定的な悪人の救済はどうすれば可能になるのかという点について考えをめぐらすことにあったといってよい。とするならば、「善人なほもつて往生を遂ぐ。いはんや、悪人をや」と述べて、悪人の往生に言及する『歎異抄』は、親鸞が自著においてさし迫った課題としたところに添う書と見ることができるのではないか。

梅原氏によれば、『歎異抄』が悪人の往生を強調することに着目しつつそこに親鸞の「悪の思想」をみとめ、かつ、それを親鸞思想の精髄を示すものととらえる従来の読みは、親鸞が真に意図するところからの逸脱を示すものだという。しかし、『教行信証』の主題の一つが右に述べた点にあるとすれば、梅原氏は、一面において親鸞の真意に鋭く迫りながらも、『歎異抄』

が、「悪の思想」に関して親鸞思想の本質をくみ尽くす書であることを見過ごしているといわざるをえない。

山折説について

梅原氏が『教行信証』の主題についての的確な理解を欠くことによって、『歎異抄』が親鸞の問題意識を如実に反映する事実を見落としてしまったのに対して、山折哲雄氏（『悪と往生』）は、『教行信証』の主題を鋭くかつ精確にとらえることをとおして、『歎異抄』に見える悪人往生の主張が、親鸞思想の文脈に（氏によれば、「一応」でしかないのかもしれないが）即するものであることを見極めている。山折氏は、『大無量寿経』によって伝えられる法蔵菩薩の誓願が、「唯除五逆誹謗正法《ゆいじょごぎゃくひほうしょうぼう》」（五逆を犯す者と仏法を誹謗する者とを除外する）という例外規定をもつこと、すなわち、五逆を犯した者が弥陀による救済から洩れるとすることに着目し、『教行信証』の主題がその例外規定を克服することにある点をあきらかにした。

阿闍世の物語は、五逆を犯した者の悲劇である。もし、右の例外規定が絶対不変なら、物語の主人公阿闍世には永遠に救われる可能性がないことになる。山折氏は説く。『教行信証』におけるこの物語の膨大な引用は、親鸞が、本来ならば弥陀による救済の対象とはならない阿闍世のごとき者が、いかにして救われるのかを問題にしていたことを如実に示している、と。氏の説くとおりだとすれば、悪人の往生を主張する『歎異抄』は、すくなくとも形式のうえで親鸞の思想を受け継ぐものということになる。

「唯除五逆誹謗正法」という例外規定は、法然以来の浄土教の伝統のなかで、法蔵菩薩の誓願から故意に除外される。親鸞もまた、第十八願を「本願」とし、そこに全面的な「信」を置くべきことを強調しながらも、あえて、この例外規定を無視する。親鸞は、「五逆」を犯す者でさえも、罪を悔いて心をいれかえれば弥陀による救済の対象となりうると考え、その認識を『教行信証』のなかであらわにしようとしたのであろう。『教行信証』の主題についての山折氏の見解は妥当なものといってよい。

ところが、山折氏は、『歎異抄』の「善人なほもつて往生を遂ぐ。いはんや、悪人をや」という言説を親鸞思想の一端に触れるものとみとめながらも、同書の著者唯円は、師親鸞を裏切っている、と主張する。氏によれば、『教行信証』の親鸞が、人間が現実に犯す悪、ないしは、現実に人間が悪を犯していることそのものを問題にしているのに対して、『歎異抄』は可能性としての悪を、いいかえれば、人間が悪を犯しうる可能性を問題にしているからだ。山折氏は、「悪」もしくは「悪人」の規定に関して、『歎異抄』は、親鸞の思想的文脈を忠実になぞるものではない、それどころか、この書は親鸞思想をゆがめるものだ、と説く。氏によれば、『歎異抄』の著者唯円は、自己流の思念によって親鸞思想を色づけ、ひいてはそれをねじまげようと努めた「ユダ」であった。

『歎異抄』には、人間的悪を人間がもって生まれた「宿業《しゅくごう》」（前世からの定め）に由来するものととらえる宿業観がみとめられる。『歎異抄』のいう、宿業にひきずられて行われる悪を、山折氏は、「可能的悪」と解したのではないか。だから、氏は、『歎異抄』は人間が悪を犯しうる可能性だけを問題にしている、と主張するのだろう。だが、宿業にもとづいて悪であるということは、単に可能的な事態にとどまるものではない。宿業に根ざすがゆえに生まれながらにして悪でありうる可能性をになった人間が、いま現に悪人として在るという事態も十分に起こりうる。宿業論にはそうした事態へのまなざしが含まれているはずだ。山折氏は、この点を、すなわち、宿業にもとづく悪が「現実的悪」として立ちあらわれる事実を見過ごしているのではないか。

ちなみに、『歎異抄』には、宿業による悪を「人間が将来悪となりうる可能性」という意味でとらえる文脈は見あたらない。「善人なほもつて往生を遂ぐ。いはんや、悪人をや」という第三条の言説とそれにつづく一連の記述（本書第二章参照）は、煩悩にまみれた人間存在の根源的な悪性が「いま」「ここ」において具体化され現実化されていることを見極めるもので、そこに人間が未来において悪でありうるという考えをみとめる読みは、「深読み」にすぎるのではないだろうか。

『教行信証』の記述からもあきらかなように、親鸞思想の核心には、人間の根源的な悪をめぐる思索がある。悪人の往生を強調する『歎異抄』は、親鸞思想の精髄を的確に汲みとり、それに即して思索を展開する書といってよい。『歎異抄』は、親鸞思想から逸脱する書でもなければ、それをねじまげるユダの書でもない。『歎異抄』に逸脱や歪曲をみとめる読みは、親鸞思想の実相を見誤るものというべきだろう。

ただし、そうした見誤りは、狂言綺語《きようげんきご》を弄して人々の目をひきつけようという意図に発するものではない。それは、むしろ、真摯に親鸞の実像を追い求めようとするところに生じた無意識的な誤りというべきだろう。梅原氏や山折氏は、本来の親鸞像を求めるに急なあまり、もっとも身近に親鸞に接し、親鸞晩年の成熟した思想にじかに触れた唯円が、親鸞思想の的確な祖述者でありうる可能性を無視してしまった。このようなことが起こったのは、両氏が、過去の思想を解釈する営みの現代的意義を考慮しなかったためではないかと思われる。

思想研究の意義

一般に、過去の思想の研究をめざす研究者は、その研究に関して禁欲的でなければならないといわれる。研究者自身の個人的な思いや、現代的な視点を研究対象に投入すべきではない、むしろ、対象をそれ自体として独自に在らしめようという自己抑制的な態度が不可欠である、とされる。

こうした一般論は、一見きわめて妥当なもののように見える。研究者の思いいれや研究者がそこにおいて生きている現実の思潮《しちょう》によって過去の思想を色づけることは、歴史（思想史）を不当に歪曲することにほかならないと考えられるからだ。このような考えかたのもとでは、研究者の主観的判断をしりぞけることによって成り立つ「客観的」な歴史像が真実を告げるとされる。だが、過去とは、「客観的」な理解の対象となりうるものなのだろうか。かりに過去を「客観的」にとらえることが可能だとしても、そのようにとらえることは「いま」「ここ」を生きるわたしたちにとって何ほどの意義をもつのだろうか。

過去とは、すでに過ぎ去ってしまった時間であり、それを実際に在ったままの姿で再構成することはできない。もし、在ったままの姿で再構成された過去があるとすれば、それは、「いま」「ここ」に在るのだから、もはや過去ではなく現在である。人間的能力を超えた権能でも想定しないかぎり、過去を過去としてかつて在ったままによみがえらせることなど、とうていできはしない。

たとえば、昨日歯が痛み、今日はもう痛まないという場合を想定してみよう。この場合、痛みはたしかに実在していた。だが、その痛みは、実体から切り離された映像の集合としての「記憶」のなかにある。それを、「いま」「ここ」に事実として蘇生させることはできない。かりに蘇生させることができたとしても、それは今日の、「いま」「ここ」における歯の痛みであって、昨日のそれではない。

過去の思想も同様だ。それは、過去に存在したものであって、「いま」「ここ」にはない。かりに研究者が、過去の思想を「客観的」なものとして「いま」「ここ」によみがえらせたとすれば、それは過去の思想ではなく、現在の思想ということになってしまう。過去の思想をかつて在った姿のまま、現在において再構成するなどということは、つまるところ永遠に実現することのない夢想でしかない。

大森荘蔵氏（『時は流れず』など）のひそみにならって、「過去は存在しない」といっているのではない。また、過去の思想を跡づけようと試みることの意義を全面的に否定しているのでもない。本書は、ただ、過去の思想をそのままの形で「客観的」に再構成することが原理的に不可能であることを指摘しているだけだ。しかし、このことを重視するならば、「本来の親鸞像」とか「親鸞の実像」などが「いま」「ここ」において再現されうるという考えかたは、本質的に誤っているといわざるをえなくなる。

ただし、「本来の親鸞像」や「親鸞の実像」を求めてもそれがけっして得られないということとは、親鸞研究の不毛を意味するわけではない。親鸞の文脈に即して、彼の思想を整合的に理解してゆくことは、それが「いま」「ここ」に在るわたしたちが自己の生きかたについて真摯に考えることに資《し》するかぎり、無意味であるどころか、むしろ深い意味をになう営みだというべきだろう。しかし、その営みが、わたしたちの「現在」(「いま」「ここ」)とは無縁な地点でなされるとすれば、それは、無価値なわざでしかない。

　過去の思想の解釈は、つねにそのつどの「現在」においてなされる。解釈者・研究者は、自己がそこにおいて生きる「現在」の視点から、解釈を行うのであって、その視点こそが、思想解釈を意義あるものとする。解釈者・研究者は、自己が自己の「在ること」(存在)と密接にかかわりあっている現場に立ちながら、すなわち、自己の「実存」にとってそれがどのような意義をになうのかという視点に立脚しながら、過去の思想を解釈しなければならない。そうした実存的な観点にもとづいて、過去の思想の内部に整合性を求め、それを跡づけてゆくところに、思想研究の意義はある。

　実存的な観点を伴わない、それ自体で「客観的」に自立する研究は、わたしたちの「在ること」にかかわらない。そのような研究が、現実的な意味をもつものとして成立することは、おそらく不可能だろう。かりにそれが成立し、解釈者・研究者の実存とは疎遠にそれ自体で独立する思想がわたしたちの目の前に立ちあらわれたとしても、そのような思想は、真摯に日常を生きる者にとって有用であるとはいえない。

親鸞の実像を求めて、つまり、親鸞思想を「客観的」に再現することをめざして『歎異抄』を極力無視してきた従来の「専門的」親鸞研究は、ともすれば一種の骨董趣味に堕《だ》する傾向にあったのではないか。たしかに、研究者にとって間接的な伝聞の域を出ない『歎異抄』は、「客観的」な研究においては一次史料と見なすことのできる書ではないだろう。しかし、『歎異抄』をとおして親鸞に触れるという体験が、「いま」「ここ」において、すなわち、わたしたちの「現実」のなかで、ある程度の普遍性をもつ以上、『歎異抄』に描かれた親鸞像は現代的な意義をになって立つことになるのではないか。

清沢満之以来の浄土真宗改革運動の思想的潮流のなかで、『歎異抄』は、多くの近・現代人によって、親鸞思想の精髄を示す書とみられてきた。もとより、書物が一般性をもつことと、それが正統性・正当性をもつこととは同義ではない。しかし、ある書物が「いま」「ここ」において一般性を獲得しているとすれば、それは、その書物が「いま」「ここ」に実存する者にとって重要な意義をもっていることを示すのではないか。

『歎異抄』に対する梅原氏や山折氏の批判が妥当なものではないとしても、それは、そのままただちに、この書のすべての言説が親鸞思想の忠実な祖述であることを意味するわけではない。『歎異抄』の後序（後記）が明言するところにしたがって、この書の前半部（第十条まで）を親鸞思想の忠実な祖述と解することは、無謀ではなかろう。だが、後半部（第十一条以下）は、唯円による親鸞思想の解釈を提示する部分と考えるのが妥当である。後半部には、唯円の「現代的視点」が混入していると見るべきだろう。しかし、この書との出会いが、近・現代を生きる多くの人々を親鸞へと導いた事実を重視するかぎり、「いま」「ここ」に在るわたしたちにとって、この書が有する実存的意義をないがしろにすることは許されないはずだ。

あえていえば、『歎異抄』が親鸞の思索・思念を十全に伝えているかどうかは、決定的に重要な問題ではない。仮に、『歎異抄』が親鸞と無縁な地点で発想されたことがあきらかになったとしても、そのことによって、この書が親鸞との密接なつながりを仮想されながらわたしたちの実存の根底を揺り動かす事実までもが否定されてしまうわけではないだろう。重要なのは、「客観的」な親鸞像よりも、むしろ、「わたしたちにとっての」親鸞像だ。

以上のような観点に立つ本書は、『歎異抄』を考究のおもな対象としながら、そこに示された「悪の思想」を、それに「親鸞」の名を冠しつつ跡づけてゆく。その際、「思想史における親鸞」という視点が欠いてはならないものとして浮上してくる。歴史（思想史）は、そのつどの「いま」「ここ」において構築される。『歎異抄』ひいては親鸞の「悪の思想」をわたしたちの「いま」「ここ」に立って追思しようとするかぎり、本書は、当然、親鸞を本書が構築する思想史のなかに位置づけなければならないからだ。

第一章　思想史のなかの親鸞

師への随順

二十年にもおよぶ関東での布教活動を終えて親鸞が京都に戻ったとき、関東の門徒のあいだに、何をもって念仏の教えの本質とすべきかをめぐって、相論《そうろん》（議論）が起こった。身近に師に接することができなくなった彼らは、ひとえに弥陀一仏を信じてその廻向《えこう》にあずかることこそが大切だという親鸞の教えを、素朴に受けとめることに不安をもちはじめたのだ。関東の門徒は、ときに、十余カ国の境《さかい》を越えて上京し、親鸞に念仏の教えの奥義《おうぎ》を尋ねた。『歎異抄』第二条によれば、深刻な面持ちでそれを尋ねる彼らに対して、親鸞は、あるとき、つぎのように応《こた》えたという。

おのおの、十余カ国の境《さかひ》を越えて、身命《しんみやう》をかへりみずして、たづねきたらしめ給ふ御こころざし、ひとへに、往生極楽のみちを問ひきかんがためなり。しかるに、念仏よりほかに往生のみちをも存知し、また、法文《ほふもん》等をも知りたるらんと、こころにくく思《おぼ》しめしておはしまして侍《はんべ》らんは、大きなる誤りなり。もししからば、南都北嶺《ほくれい》にも、ゆゆしき学《がく》匠《しやう》たち多くおはせられて候ふなれば、かの人にもあひたてまつりて、往生の要、よくよく聞かるべきなり。親鸞におきては、ただ念仏して、弥陀にたすけられ参らすべしと、よき人の仰せをかぶりて、信ずるほかに、別の子細なきなり。

念仏は、まことに、浄土に生《むま》るるたねにてや侍るらん、また、地獄におつべき業《ごふ》にてや侍るらん、総じてもつて存知《ぞんぢ》せざるなり。たとひ、法然聖人にすかされ参らせて、念仏して地獄におちたりとも、さらに後悔すべからず候ふ。そのゆゑは、自余《じよ》の行《ぎやう》も励みて仏《ぶつ》になるべかりける身が、念仏を申して地獄にもおちて候はばこそ、すかされたてまつりてといふ後悔もさふらはめ、いづれの行もおよびがたき身なれば、とても、地獄は、一定《いちぢやう》、すみかぞかし。

弥陀の本願まことにおはしまさば、釈尊《しやくそん》の説教虚言なるべからず。仏説まことにおはしまさば、善導《ぜんだう》の御釈虚言《おんしやくきよごん》し給ふべからず。善導の御釈まことならば、法然の仰せ虚言《そらごと》ならんや。法然の仰せまことならば、親鸞が申す旨《むね》、またもつてむなしかるべからず候ふか。

詮ずるところ、愚身の信心におきてはかくのごとし。この上は、念仏を取りて信じたてまつらんとも、また捨てんとも、面々の御はからひなり。

親鸞は、浄土門には、ただ「南無阿弥陀仏《なむあみだぶつ》」と念仏して、弥陀にお助けいただくこと以外に格別の奥義などないことを強調し、しかも、その念仏が極楽浄土に往生する原因となるのか、地獄に堕《お》ちる「業」となるのか、自分には見当もつかないとまで語る。自己の教説がさも深遠な学問的奥義にもとづいているかのように装うことは、親鸞には唾棄《だき》すべきふるまいにしか見えなかったのだろう。彼は、浄土門では学知が不要であることを暗示しながら、弥陀の本願を信ずる心の重要性を説くばかりである。その際、彼は、弥陀の本願を信じること一事のうちにすべてが集約されるという考えが、師法然直伝の教えであることにいいおよびながら、「たとひ、法然聖人にすかされ参らせて、念仏して地獄におちたりとも、さらに後悔すべからず候ふ」（かりに法然聖人にだまされ申して、念仏して地獄に堕ちたとしても、わたしは後悔などするはずもない）とまでいいきる。親鸞は、法然への絶対的随順の姿勢を示している。

その絶対的随順には、論理的な根拠はない。「弥陀の本願まことにおはしまさば」以下の部分において、釈迦から善導を経て法然へと至る連綿たる法統《ほうとう》がその根拠であることが明示されている。だが、教説を受け継ぐ伝統がそのままただちに教説の正当性を保証するわけではないことは、誰の目にも歴然としている。大峯顯氏の宗教言語論（『親鸞のコスモロジー』など）を敷衍《ふえん》するならば、この部分に、人間が「ことば」を語るのではなく、「ことば」が人間をとおして語るという発想をみとめることができるかもしれない。いわば「存在の住みか」（ハイデガー）ともいうべき「ことば」が、先師たちの身に宿り、それが絶対に正しいものとして、自分にも呼びかけている。親鸞は、そう考えていたのだろうか。大峯氏の理解に添ってそうとでも解釈しないかぎり、法統の正統性から自説の正当性を導く親鸞の思考を論理的に説明づけることはできないように見える。しかし、すくなくとも『歎異抄』の文脈は、「ことば」が、人間をとおして、あるいは、人間において語るという発想が親鸞にあったことを明確に示すものではない。大峯氏の理解に即して親鸞の真意をとらえる途《みち》は、平坦ではないというべきだろう。

親鸞の真意は、「そのゆゑは」以下「とても、地獄は、一定、すみかぞかし」までの部分にこめられているように思われる。この部分において、親鸞はいう。念仏以外の行に打ちこむことによって成仏するはずの身の上でありながら、あえて念仏をとなえ、地獄に堕ちるのだとすれば、法然聖人にだまされたという後悔が生じもしようが、いかなる行も修することができない身の上なのだから、所詮は地獄こそわが住みかというものだ、と。ここには、自身の本来の在りどころは地獄にほかならないという認識が示されている。本来地獄にしか在りえない身の上である自分が、極楽浄土への往生を夢見ることができるのもひとえに師法然聖人のおかげである、というのだ。親鸞は、自己存在の罪業を鋭く見据えているというべきだろう。罪業を拭い去ることができず、したがって、地獄に低迷することを宿命づけられたわが身が、万が一法然聖人の教えによって救われるならば、それこそ思いがけない幸運としなければならない。親鸞は、そう考えていたものと解せられる。

このように解するならば、親鸞の内部に法然への絶対的随順の思いを植えつける直接の原因となったものは、親鸞の内面に渦巻く罪業意識であったと考えられる。では、その罪業意識は、「個」的なもの、すなわち、親鸞独特の個性に根ざすものなのか、それとも、親鸞と同時代の人々が共通して抱いていたものなのか。本章では、この点に焦点を定めながら、「思想史における親鸞」ということを考えてみたい。それは、わが国の浄土思想における親鸞の歴史的位置と意義とを見極めることにつながってゆくだろう。

仏教的無常観の確立

仏教において、浄土は、永遠不変の仏国土として想定される。それは、通常の時間性を超えた無時間的世界だといってもよい。そうすると、浄土を想定する思考の背後には、日常世界の時間性を見極めようとする思考態度が存しているものと推察される。何らかの価値をになったある概念を想定することは、正反対の価値をもつ概念とそれとを対比することなしには不可能だからだ。たとえば、「愛」が人と人との関係をより善きものにする概念として追求されるとき、それを追求する者は、まっこうから「愛」を否定する反対概念としての「憎」を念頭に置いて両者を対比しているはずだ。浄土を想定する思考も同じであり、時間性を超越した不変かつ永遠なる世界として浄土を想定するとき、人は、かならず、現世の、時間の流れとともに転変しつづける在りようを見据えているにちがいない。

日常の有為転変《ういてんぺん》の相を、仏教では「無常」ととらえる。仏教は、人間的現実が無常の相を露呈する姿を見極めることをとおして、浄土を想定する思考へと立ち至る。したがって、仏教において、浄土についての認識は、現世の無常に関する理解から必然的に導き出されると考えなければならない。となれば、浄土観が確定されるに至る歴史的経緯を跡づけるためには、まず、どのような形で仏教的無常観が確立されたかを見定めておく必要があると考えられる。

親鸞は、日本における浄土教の確立に重大な役割を果たした思想家であり、彼の思想をめぐる多くの問いは、彼の浄土観が日本浄土教の文脈のなかでどのような位置を占めるのかという点に集約される。これは、日本人の心底に浄土を希求する思いがわき起こる原因の見極めであり、さしあたって、日本において浄土教が確立される歴史的過程についての問いでなければならない。とするならば、「思想史のなかの親鸞」という主題のもとに、本書がまず第一に論じるべきは、浄土観が確立されるための前提としての無常観が、いつ、いかなる人物によって、どのような経緯で確立されたのかという問題である。

唐木順三の『無常』など、無常観ないしは無常感（無常美感）をめぐる諸家の研究において、

日本における無常の意識の発生を告げる文献として認定されるのは、『萬葉集』巻三所載の、沙弥満誓《さみまんぜい》の歌、

世間《よのなか》を　何に譬《たと》へむ　朝開《あさびら》き　漕《こ》ぎ去《い》にし船の　跡《あと》なきごとし（三五一）

である。後に、「世の中を　何にたとへむ　朝ぼらけ　漕ぎゆく舟の　跡の白浪」という形で『拾遺和歌集《しゅういわかしゅう》』に採られたこの歌は、すでに平安朝のころから、無常観を抒《の》べる歌の古典的規範と見られていた。この歌を、わが国における無常観の発生を告げる作と解する諸家の見解は、おそらく事の真相を大きく逸脱するものではないだろう。

だが、この満誓歌は、他から独立した作として単独に詠《よ》まれたものではない。それは、神亀六年（七二九）三月下旬ころに、当時の大宰帥《だざいのそち》（九州大宰府の長官）大伴旅人《おおとものたびと》が主催する宴席で、旅人の「讃酒歌《さんしゅか》」十三首（『萬葉集』巻三　三三八〜三五〇）に呼応する作として詠まれた（そのおりの歌宴の実態については、伊藤博『萬葉集釋注』参照）。したがって、満誓歌が無常観を抒べるとしても、それが満誓ひとりの「個」的な思念を表出するとは考えにくい。宴席という共通の場の歌、つまり、「座の歌」にほかならない満誓歌は、一座に共有される思念を語りいだすものと見るべきだろう。

ちなみに、

この世にし　楽しくあらば　来《こ》む世には　虫に鳥にも　我《われ》はなりなむ（三四八）
生ける者《ひと》　遂《つひ》にも死ぬる　ものにあれば　この世にある間《ま》は　楽しくをあらな（三四九）

などと抒べ、一見人生を享楽のもとにおくることをよしとするかのように見える旅人の讃酒歌は、そこで用いられた「世間」（三四七）という語が仏教語「世間虚仮《こけ》」にもとづく語である点や、あるいは、「生ける者遂にも死ぬるものにあれば」（三四九）という言辞が「生者必滅《しょうじゃひつめつ》」という仏教哲理の翻案である点などからもうかがい知られるように、その享楽主義の背後に仏教的な思念を潜ませている。享楽の生をおくれば、来世で「虫」や「鳥」などの闇鈍《あんどん》の身に生まれ変わってしまうという認識（三四八）が、仏教の輪廻説《りんねせつ》にもとづくこともあきらかである。当面の歌宴が催されたちょうど一年前に、旅人が、妻大伴郎女《おおとものいらつめ》を喪《うしな》っていること、さらには、およそ九カ月前に、度重なる不幸を慰める知人からの書信に応えて、

世間《よのなか》は　むなしきものと　知るときし　いよよますます　悲しかりけり（巻五　七九三）

と詠じていることなどを勘案するならば、讃酒歌を、妻の死をとおして、「世間」が「むなしきもの」であることを体感した旅人の、その「むなしさ」にまつわる哀感を表出する作と見ることも可能になってくる。眼前にいきいきとした生をおくっていた者が無に帰する、という体験。それが旅人の内面にもたらした「むなしさ」の感覚は、すでに仏教的に考えかつ思うことを知っていた彼において、自己の意識が無常観に情緒的に感応してゆくこととしてとらえられていたものと推察される。そうすると、讃酒歌は、「世間無常」という仏教哲理を観念のうえで把握しながらも、その把握を諦観《ていかん》に結びつけることのできない魂が、理（「世間無常」の哲理）と情（享楽を求める心）とのあいだで板挟みになって発する痛切な呻《うめ》きを伝える作と解することができよう。

満誓歌は、この呻きに応えて、それを静かに慰撫する役割を果たしている。「あなたのおっしゃる世間をいったい何に譬えればよいのでしょうか。そういえば、朝方港を出てゆく船の航跡があっというまに跡形もなく消え去ってしまうような、そんなものなのですね、世間とは」と抒べることによって、満誓は、旅人を人生の「無常」についての静かな諦観へといざなおうとする。満誓歌は「無常美感」とも呼ぶべき美的な気配を全体に漂わせながら、しかも、讃酒歌の根底に潜む無常観を的確にとらえ、それに巧妙に応じているといえよう。

このように、満誓歌を「座の文芸」の一翼をになう歌と解する場合、満誓歌が語りいだす無常観を満誓の独創と解することは許されない。満誓の無常観は、満誓一個の人格によって（「個」的に）生み出されたものというよりも、むしろ、神亀六年三月下旬ころに旅人によって催された歌宴に集《つど》うた人々（筑紫歌壇の歌人たち）の共有の思念を代弁するものだったと見るべきだろう。とするならば、満誓歌は、すでに八世紀前半の時点で、すくなくとも「座の文芸」を知的に構築する技量を備えた知識人のあいだで、仏教的無常観が確立されていたことを如実に告げていると考えられる。

右の満誓歌や讃酒歌が詠まれた歌宴には、山上憶良《やまのうえのおくら》も加わっていた。生活の実感を鮮明に示す人間的な歌として今日なお高く評価されている彼の代表作の一つ、

憶良らは　今は罷《まか》らむ　子泣くらむ　それその母も　我《わ》を待つらむぞ（巻三　三三七）

は、この歌宴において詠まれた。憶良のこの歌は、諧謔《かいぎゃく》によって座を盛り上げることをめざすもので、無常観とは疎遠な地点で成り立っている。しかし、讃酒歌を享受する一員としての憶良が、満誓歌の真意を汲みとる感性を備えていたことは疑えないように思われる。

ちなみに、憶良は、旅人が妻を喪ってまもなく、旅人に成り代わって（旅人の心中をおもんぱかって）その妻の死を悼《いた》む一連の挽歌を旅人に献呈している。「日本挽歌」（『萬葉集』巻五

七九四〜七九九）と題されたその挽歌群に付された漢文の序のなかには、つぎのような一節が見える。

従来《もとより》この穢土《ゑど》を厭離《えんり》す
本願《ほんぐわん》生《しやう》をその浄刹《じやうせつ》に託《よ》せむ

「以前からこの穢れた現世から逃れたいと思っていた。仏の本願にすがって、妻のいる浄土に命を寄せたい」という意のこの一節は、仏教文献以外の日常的な言説のなかで、浄土への関心が明確に表出された最初の例である。これによって、満誓たちが無常観を披露し、周囲の歌人たちがそれを共有の思念として受けとったとき、彼らの内面にはすでに浄土の観念が確立されていたことが知られる。

憶良のいう「浄刹」が、阿弥陀如来の極楽浄土をさすと断定することについては慎重でなければならない。浄土という概念の日本での受容が、阿弥陀浄土を先駆けとするものであったとはいいきれない面があるからだ（この点については、芳賀紀雄氏から示教を得た。詳しくは、拙著『旅の思想』参照）。しかし、たとえ憶良のいう「浄刹」が阿弥陀浄土とは別の浄土をさすとしても、すでに憶良たちの時代の知識人のあいだで、彼岸《ひがん》の清浄な世界と此岸《しがん》の穢《けが》れた世界とを対比しつつ後者を捨てて前者を求めようとする思考が、無常観に支えられながら確立されていたことだけは疑えない。

法然以後の浄土教が示す浄土の概念は、憶良や満誓たちの時代にはまだ確定されていなかった。しかし、法然や親鸞が独自に浄土観を展開するための素地は、すでに八世紀前半の時点で、知識人たちの内面に確立されていたといってよいだろう。

浄土思想と正像末史観

浄土思想は、「厭離穢土《おんりえど》、欣求浄土《ごんぐじょうど》」という発想にもとづいて成立している。「厭離穢土、欣求浄土」とは、汚穢《おわい》に満ちた現生（この世）から出離《しゅつり》して来世に清浄な理想郷を求めようという志向を集約する言辞で、前掲の憶良の漢詩が、これを踏まえていることは明白である。憶良や、彼とともに歌壇を形成した奈良朝の知識人（歌人）たちは、全霊を傾けての浄土思想の受容へとすでに一歩を踏み出していた。だが、憶良たちの時点では、浄土思想の受容は、まだ、万人の意識がそこへと焦点を定めるべき切実な課題となっていなかった。現世を汚辱《おじょく》にまみれた世界として忌避する心の傾きが人々の内面に生起する一方で、現世でのわが身の永続を希《ねが》う情が人々の心底を蔽うという思想状況のなかに、憶良たちは置かれていた（この点については、拙著『ことばと時間』参照)。

浄土思想が切実な信仰の対象として本格的に学ばれはじめたのは、平安期の天台教団（比叡山延暦寺）においてであった。最澄《さいちょう》によって創始された天台教団が隆盛を迎えた平安初期から中期にかけては、あたかも正像末史観《しょうぞうまつしかん》が庶民のあいだに流布してゆく時代だった。正像末史観とは、歴史を、善き状況から悪《あ》しき状況へと推移するものとしてとらえる歴史観（頽落史観）のことだ。それは、釈迦（釈尊）入滅以後の歴史を三期に区分する考えかたをとる。これによれば、釈迦入滅以後のある期間、「教《きょう》」（仏の教え）、「行《ぎょう》」（修行者）、「証《しょう》」（証果、修行の結果としての覚《さと》り）という仏教にとって欠かすことのできない三つの要素が万全に備わった「正法《しょうぼう》」の世がつづき、その後、「証」を欠いた「像法《ぞうぼう》」の世が到来する。そして、やがて、時代は、「教」のみがむなしく残り、「行」「証」ともに欠落した「末法《まっぽう》」の世へと移行するという。「末法」とは、もっとも劣悪な時代であり、そのなかに生きることは、覚りの境地と無関係に在ることを意味する。

「正法」「像法」の時代を何年とするかについては、各宗派が認識を異にしており、「定説」と呼ぶべきものが確立されているわけではない。しかし、平安期を生きた人々のあいだには、有力な一説として「正法」「像法」をそれぞれ千年とする説が広まっていた。この説によれば、「末法」の到来は、十一世紀半ば（一〇五二年）のことと考えられた。したがって、天台教団の隆盛期は、「末法」の世の到来を目前にした時代だったことになる。

天台教団においては、いままさに「末法」の世が到来しつつある時代（像末＝「像法」の末期）にあって、衆生《しゅじょう》をいかにして救済すべきかが、火急《かきゅう》の問題として問われた。天台教団は、その問題を解決するための手段、すなわち、衆生救済のための手立てとして浄土思想をとらえ、それについての精細な考究を企てた。こうして、浄土思想は、天台教団のなかで精力的に研究され、ひいては、同教団を媒介として、一般に流布するに至った。

十世紀後半にはいると、天台教団のなかから源信《げんしん》があらわれ、浄土思想をめぐる研鑽の成果として『往生要集《おうじょうようしゅう》』という書物を公表する。この書は、末法到来を眼前にし道義の頽廃が実感されはじめた時代状況のなかで、「像末最終の大警告」を発する目的のもとに著わされた。『往生要集』は、各種経典を抜粋・引用しつつ、地獄の模様を鮮烈に描写し、その恐怖を説くとともに、どうすれば堕地獄を免れ極楽浄土への往生が可能になるかという点について、その要諦を明確にする書であった。この書は、天台教団の学僧たちのあいだでのみならず、京都の貴族たちのあいだでも広く味読《みどく》され、彼らを浄土の信仰へといざなうことに寄与した。この書は、平安後期から鎌倉初期にかけて、天台浄土思想のいわば「聖典」として位置づけられた。

このように、浄土思想が平安期を生きた人々の精神のうちに滲透するに至った背景には、正像末史観が流布し、「像末」から「末法」にかけての時代をいかに生きるべきかがもっともさし迫った課題になるという思想状況があった。「末法」の時代を目前にすることによって、あるいは、すでに「末法」にはいったという認識をもつことによって、人々がその内面に抱いた実存的不安が、浄土思想の隆盛をもたらしたといってもよい。そうした不安を打ち払うために、人々は、足繁く寺院の僧侶たちのもとに通い、物品を寄進することによって来世についての安《あん》心《じん》を得ようとした。上級貴族たちは、財力にまかせて壮大な伽藍《がらん》を造営し、その功によって極楽浄土への往生が保証されることを願った。だが、物品の寄進、伽藍の造営などによって来世で安穏を得ることができるという認識が、社会の常識として定着する場合、伽藍造営の費用はおろか何がしかの物品の寄進さえもままならない人々は、自身が救済の可能性から洩れていると考えざるをえなくなってしまう。ここに、平安期の浄土思想の一つの問題点があった。

本来、浄土思想は、一切衆生を救うために立てられた弥陀の本願を信じて「南無阿弥陀仏」ととなえる者のすべてが、弥陀の浄土へと摂《おさ》め取られると説くものだった。そこでは、貴賤、貧富、老若、男女の区別は問われないはずである。ところが、平安期の浄土思想は、高貴なる者・富める者が、賤しき者・貧しき者をさしおいて弥陀の救済を得るという考えかたを容認する傾向を示していた。一紙半銭《いっしはんせん》も寄進することができない賤者・貧者の救済は、いったいどのように考えればよいのか。平安期の浄土思想は、明確な解答をもたないまま、この問いの前に立ちすくんでいた。

平安期の浄土思想において、さらに重大な問題となったのは、本来現世を超越した世界として想定されるはずの浄土を現世のただなかに具現させようという志向が、上級貴族たちのあいだであらわになった点である。たとえば、摂関政治の最盛期に藤原政権を主導した藤原道長《ふじわらのみちなが》は、法成寺《ほうじょうじ》阿弥陀堂を建立し、その息子頼通《よりみち》は、平等院鳳凰堂を建てた。同時代の人々は、これらの極楽浄土を模した建造物に接して、そこに浄土が具現されたかのような錯覚におちいった。平安貴族たちが、黄金の蓮華《れんげ》や金色《こんじき》に輝く阿弥陀如来像を目《ま》のあたりにして、それらを浄土の現実化を示すものととらえたとき、浄土思想はいわば日本流に変容されたといっても過言ではない。現世の時間の流れを超越する形で現世の彼岸にそびえ立つはずの浄土が、日常的な時間の流れのなかに組みこまれてしまったからだ。事物が現世で永続することを願う日本的な情緒が、浄土を世俗化したと解してもよいだろう。

変容された浄土思想を本来の姿へと引き戻し、さらに、この思想を民衆が心の底から親しむことのできるものへと発展させたのは、平安末期から鎌倉初期を生きた法然だった。

罪悪有力、善根無力

法然は、元来、天台教団の学僧だった。源平の争乱が政治的・経済的に庶民の生活をかき乱し、「末法」の観念が庶民のあいだで現実的なものとして実感される時代を比叡山で過ごした彼は、乱世に翻弄される庶民をどのようにして救済すべきかという問題に直面した。庶民の救済について無頓着でいるのは、仏教の本質からはずれた地点にいるからである。このことを熟知するがゆえに、法然は、日夜自力の修行（自分ひとりの覚りを求める修行）に明け暮れる自身の在りようを疑問とせざるをえなかった。

法然は、四十三歳のとき（一一七五年）、源信の『往生要集』を通じて、中国唐代の僧善導《ぜんどう》の『観無量寿経疏《かんむりようじゆきようしよ》』に接した。同書において、善導は、阿弥陀如来の第十八願に依拠しつつ念仏をとなえることを「正行《しようぎよう》」とする思想を展開していた。この思想に接した法然は、そこにこそ衆生救済の唯一の方途があると観じ、廻心《えしん》を遂げて比叡山を下った。

日本の天台教団は、開祖最澄以来、『法華経《ほけきよう》』を根本経典として一乗主義の立場をとりながらも同時に密教、禅、戒などの諸要素を内にとりこむもので、いわば総合的な宗教体系であることをその特徴としていた。浄土思想も、天台教団のなかでは、そうした総合的な体系の一環をなすものとして学ばれていたにすぎない。ところが、善導の教えに接して頓悟《とんご》（一挙に覚りをひらく）した法然は、浄土思想以外の聖道《しようどう》自力の諸教は末法の「機《き》」（仏の教えの対手としての人間）に相応せず、ただ「南無阿弥陀仏」という名号《みようごう》にすべてを託する浄土の教えのみが末法濁世《じよくせ》を生きる衆生を救済することができるとする「専修念仏《せんじゆねんぶつ》」の立場に立った。みずから（独力で）覚りをひらくことによって仏と等しい境地に立つことなど凡夫《ぼんぷ》のなしうるところではない、わたしたち凡夫には、弥陀の本願に摂め取られることを信じてひたぶるに名号をとなえる以外に、救済される途はない、と法然は説く。

比叡山を下り、独自の宗派を開いた法然が、自己の教説の基盤に置くものは、「罪悪有力《ざいあくうりき》、善根無力《ぜんこんむりき》」という認識である。「罪悪有力、善根無力」とは、人間の悪しき性根はいかにしても拭い去りえないほどに強力であるのに対して、その善根（善き性根）は脆弱で確固とした基盤をもたないことをいう。

法然は、その半生を源平争乱の渦中に過ごした。争乱は、農村の生産力をいちじるしく低下させ、都市における飢饉の頻発と治安の極度の悪化とを招いた。ちまたには餓死者があふれ、生きている者も多くは飢餓に喘ぎ、食物を求めてせめぎあうこと、さながら餓鬼道に堕ちた亡者のようなありさまだった。あまつさえ、法然は、幼いころ、父漆間時国《うるまときくに》を近隣の武士によって殺されている。彼は、争乱によってひきおこされる悲劇と、その悲劇のなかで肥大する人間の悪性とを目のあたりにしていた。そのような法然にとって、人間の善性を想定しながらそこに開悟（覚り）の可能性を模索する在来仏教の姿勢は、現実への適合性をもたない空論でしかなかった。彼は、宿業《しゅくごう》（前世からの定め）として悪性をになう人間に救いの可能性が開かれるとすれば、それは、その悪性への自覚に立ちながら、自力による開悟の希《のぞ》みを打ち棄てて、すべてを弥陀の慈悲に委ねることによってでしかありえない、と考えた。彼にとって、念仏とは、弥陀の慈悲に全身全霊をもってすがりつこうという意思を表出する行為にほかならなかった。

「罪悪有力、善根無力」という自覚、すなわち、自己の善性を信じる態度には根拠がないという自覚に立って、弥陀への「帰命《きみよう》」の意を含んだ念仏をひたぶるに実践する態度こそが、信仰の純粋性と本来性とを開き示す。法然は、そのように認識していた。この認識のもと、法然は、彼の教えに耳を傾ける人々（同朋《どうぼう》、同行《どうぎよう》）にむかって、命あるかぎりいくたびとなく「南無阿弥陀仏」ととなえつづけることをすすめる。それは、すべての学識を不要とするたやすい行、すなわち「易行《いぎよう》」である。その易行をいつ果てるともなく行じつづけることによって、救済の道、いいかえれば、浄土への往生の途がおのずからにひらかれる、と法然は考えた。

こうした「易行」によって救済が得られるとすれば、伽藍の造営や物品の寄進は、往生のための必須の条件ではないことになる。しかも、その易行は、庶民が簡単に実行できるものでもあった。易行を実践しさえすればそれでよいという法然の思想は、貴賤、貧富、老若、男女の区別を排するもので、それは、財産や地位の面で劣った立場に置かれた社会的弱者たちの心をひきつけた。平安期の浄土思想が抱えていた問題の一つは、法然の浄土教によって一応の解決を与えられたといえよう。

法然の浄土教は、さらに、もう一つの問題に対しても解決の糸口をもたらした。法然にとって、浄土とは、念仏という易行を実践しつづけた後に、臨終を待ってはじめて開かれる彼岸の世界だったからだ。法然においては、浄土思想に固有な「浄土の超越性（彼岸性）」という観念が回復されている。彼のいう浄土とは、けっして現世に打ちたてることのできない世界、現世とは異なる次元にそびえ立つ理念的な世界だった。

こうして、浄土思想は、法然によって、衆生に対して無差別に開かれた宗教として、すなわち「浄土教」として確立された。法然と同時代の天台教団の高僧慈円《じえん》が、主著『愚管抄《ぐかんしょう》』のなかで、「不可思議の愚痴《ぐち》無知の尼入道によろこばれてこの事ただ繁昌に世に繁昌して」と述べていることからもうかがい知られるように、法然の浄土教は、時代の要請に応える宗教として多数の信徒を獲得したらしい。その法統は、「浄土宗《じょうどしゅう》」という名称のもとに、今日に伝わる。親鸞もまた、その法統に連なる者の一人だった。

苦悩の青春

親鸞は、承安三年（一一七三）、皇太后宮大進《こうたいごうぐうだいしん》日野有範《ありのり》の息男として京都（日野の里）に生まれた。本願寺第三世法主覚如《かくにょ》が記した『親鸞聖人伝絵《でんね》』によれば、親鸞は、九歳のとき、青蓮院の慈円について出家したという。比叡山延暦寺にはいった後の親鸞については、妻恵信尼《えしんに》の手紙（西本願寺書庫で鷲尾教導によって発見された「恵信尼文書」）によって、二十代のころ横川《よかわ》常行堂の堂僧をつとめていたことがわかるだけで、二十年におよぶその修行生活の実態は定かでない。ただし、堂僧が、中秋の十五日を中心に前後一週にわたって行われる不断念仏に勤仕する僧で、学識ある高徳の人物がそれに任ぜられるのがつねであった点から、比叡山での親鸞の修行が生半可なものではなかったことが知られる。

後述のように、親鸞は、二十九歳のとき、比叡山を下り法然の門にはいる。彼は天台教団を離れたのであり、それは、彼が教団に対して飽き足りない思いを抱いていたことを示している。だが、親鸞が天台教団の何を不満としたのか。その点を明瞭に語る確実な史料は見あたらない。

正治二年（一二〇〇）十二月二十九日の深更、比叡山無動寺大乗院で修行していた親鸞は、如意輪観音《にょいりんかんのん》の夢告を授かる。それは、

善いかな　善いかな　汝の願　将《まさ》に満足せんとす
善いかな　善いかな　我が願　亦《また》満足す

というもので、親鸞がその内面に包みもっていた願望が、そのまま観音の願いでもあることと、

その願いが近い将来に実現されることとを告げるものだった。この夢告を得た親鸞は、百日参籠をこころざして京の六角堂におもむき、九十五日目の早暁に、救世観音《くせかんのん》の夢告を受ける。それはつぎのようなものだった。

行者宿報にて設《たと》ひ女犯《にょぼん》すとも
我は玉女《ぎょくにょ》の身と成りて犯《ほん》せられむ
一生の間能く荘厳《しゃうごん》し
臨終引導して極楽に生ぜしめむ

救世観音は、親鸞にむかって、「仏道の修行者が異性と肉の交わりをかわすときには、わたしが美しい女体となって姿をあらわし、肉の交わりを受けよう。そして、一生のあいだ男に寄り添い、臨終のおりには導いて極楽浄土に往生させよう」と述べたという（『親鸞聖人伝絵』）。親鸞はこの夢告を得てただちに法然を訪ね、その門にはいった。親鸞二十九歳の春のことである。

如意輪観音の夢告は、親鸞が、かねてから比叡山を離れ法然のもとに帰入したいという願望をもっていたこと、いいかえれば、浄土門のなかに真実の仏道を見いだしたいという彼の願いが唐突にわき起こったものではなく、多年にわたる熟慮の結果、彼の内面に定着したものであることを示唆している。さらに、救世観音の夢告は、親鸞が帰入しようとする対象がなぜ浄土門でなければならなかったのか、その理由を暗示しているように見うけられる。

救世観音の夢告に関して注目すべきは、「行者宿報にて設ひ女犯すとも、我は玉女の身と成りて犯せられむ」という一節である。これは、親鸞の内部に性的欲望が渦巻き、彼がその処理に窮していたことを示すものといえよう。これによれば、天台教団に身を置いていたとき、親鸞は、抑えがたい性欲に悩み、それをもったままの自分を受けいれてくれる教えを探し求めていたものと推察される。法然の教説は、人間の在るがままの欲望を許容し、欲望を抱えこんだまま人間が救済される可能性を開き示すものだった。聖道自力の教えのもとでは徹底して否定される性欲が自己の内面にうごめくことを恥じ、かつおそれていた親鸞は、一つには、そうした抑えがたい欲望をいかに見るべきかという問題の解決を求めて、法然の門をたたいたものと考えられる。

だが、性的欲望をめぐる内面的な苦悩だけが、天台教団と訣別《けつべつ》し法然の門にはいる理由になったと断定することには無理がある。二十九歳という親鸞の年齢は、すでに身を刺し貫くような性欲が鎮静しはじめていたことを暗示しているからだ。性欲をどうとらえるかという問題だけが親鸞の関心事だったとすれば、法然への帰入はもっとはやい時期に行われていたはずだ。

親鸞の青春の苦悩は、性欲の問題だけに限定されるものではなかったと見るべきだろう。

留意しなければならないのは、救世観音の夢告のなかに「宿報」の語が見える点である。宿報とは、肉体をもってこの世を生きなければならない者の避けがたい定めをさしている。とすると、親鸞は、性欲の問題をとおして、人間存在がそうした欲望の主体として在らざるをえないことそれ自体を見据えていたと考えられる。女犯は破戒のふるまいであり、仏者は自己に対してそれを厳しく禁じなければならない。しかし、他方には、抑えても抑えても女犯への欲求を禁じえないという心の現実がある。その現実は、人間存在にまつわる宿命的で避けがたい罪悪を示すと考えられる。親鸞は、救世観音の夢告に直面することをとおして、このことに思い至ったのではないか。

要するに、天台教団に属していたころの親鸞を襲った苦悩とは、人間存在に必然的に伴われる罪業にいかに処するべきかという難問だった。しかし、天台教団の内部には、この難問を解きほぐす手がかりが見あたらなかった。外部にむかって持戒（戒を保つこと）の姿を誇示しながらも、内に女犯、男色などの破戒行為を抱えこんだ教団には、親鸞が直面した難問に真摯に応答してゆく姿勢が欠けていた。教団全体の腐敗が、歴史的事実であったという断定は、何をもって腐敗と見なすべきかをめぐる詳細な議論なしにはなしえないはずだ。だが、すくなくとも、親鸞の目から見た教団は、彼の問題意識を、その一片すら汲むことができないほどに腐敗していたのではなかったろうか。

おそらく、法然は、親鸞の問題意識を正面から受けとめたのだろう。恵信尼の手紙によれば、親鸞はかねがね「法然聖人のおいでになる所であればどこへでも、かりにそれが悪道であってもついてゆこう」という思いを語っていたという。親鸞は、自己をも含めた人間存在の罪業をめぐる難問が、法然の導きのもとに解きほぐされる可能性を信じて、法然に随順する道を選んだものと思われる。

しかし、随順の日々は、長くはつづかなかった。法然の専修念仏門に法難がふりかかり、親鸞は法然との離別を余儀なくされたからだ。

晩年の孤独

元久二年（一二〇五）十月、南都の興福寺は、貞慶《じょうけい》に起草させた九箇条から成る奏状を朝廷に提出し、法然の専修念仏の停止《ちょうじ》を要請した。それは、私的に一宗を建てたこと、釈迦をはじめ弥陀以外の諸仏を軽視することなどを専修念仏の非として、これを激しく論難するものだった。この奏状は、九条兼実《かねざね》など法然に同調する貴族たちに阻まれて、朝廷が公式にとりあげるところとはならなかった。ところが、承元元年（一二〇七）に至って、事態は一変する。

その前年、建永元年（一二〇六）十二月、法然門下の住蓮、安楽らが東山鹿谷《ししがたに》において、六時礼讃の念仏法会《ほうえ》をとりおこなった。後鳥羽上皇《ごとばじょうこう》が、熊野参詣のため、院御所を留守にしていたおりのことである。法会には、松虫、鈴虫ら、上皇寵愛の女官たちが参列し、上皇の裁可を仰ぐことなく無断で通夜した。このことを知った上皇は激怒し、建永二年（一二〇七、十月「承元」と改元）二月、住蓮、安楽を斬罪に処した。さらに、同月下旬、興福寺の意を体した上皇は、法然および彼の主《おも》だった弟子たちを死罪、流罪等の罪に問うた。このとき、法然は土佐に（後に讃岐に減刑）、親鸞は越後に流罪に処せられることが決まった。親鸞三十五歳のときである。

越後に流された親鸞は、九条家の荘園のあった板倉郷で、荘官をつとめる地元豪族三善《みよし》家の援助を受けた。恵信尼はその三善家ゆかりの女性で、親鸞は流罪期間中に彼女と婚姻関係を結んだものと推測される。

建暦元年（一二一一）、朝廷の裁可によって法然とその門下の流罪は赦免された。ところが、親鸞は京都には戻らず、しばらくのあいだ越後で時をおくった後、やがて、妻子を伴って、関東へと旅立った。帰洛を思いとどまったのは、赦免の翌年法然が示寂《じじゃく》し（ときに八十歳）、京都での念仏布教の活動にめどが立たなくなっていたからだろう。親鸞は、常陸国笠間郡稲田郷に居を構え、以後およそ二十年にわたって布教と思索の日々をその地におくる。

常陸を拠点とする関東での布教活動は、ある程度の成功をおさめた。『親鸞聖人門侶交名牒』によれば、親鸞面授の高弟は四十数人を数えたという。これに親鸞の書簡集『末燈鈔《まっとうしょう》』記載の門弟を加えると、その総数は約六十名にのぼる。彼らは、それぞれ道場主として数十ないしは数百の信徒を抱えていたと推定されるから、二十年にわたる布教活動によって、親鸞は、関東で一万人近い浄土門の信者を得たと考えられる。

稲田郷での思索は、親鸞五十二歳のとき、主著『教行信証』として実を結ぶ。これは、序章でも触れたように、阿闍世の物語（王舎城の悲劇）に焦点を当て、五逆の罪を犯す常識の範囲を超えた極悪人が弥陀の救済の対象（浄土へ往生する者）となりうるか否かを問い、弥陀の本願の無差別性とその広大さとをあきらかにすることに心血を注いだ書である。往相・還相の二種廻向や浄土の実相などにも論及し、親鸞の四十年を超える修学の集大成となったこの書が一応の完結をみた（その後、晩年に至るまで、いくたびも改訂・補訂が施される）ことは、浄土教をめぐる親鸞の思索が一つの到達点に達したことを意味する。布教活動もそれなりに成功をおさめた。関東での布教と思索とが実を結んだことを実感し、自己内外の活動が一応の充足を得たと判断したためだろうか。親鸞は、六十三歳のとき、二十年にわたる関東での活動に終止符を打って、帰洛する。

だが、晩年の親鸞は孤独だった。四十年近い歳月をともに過ごした妻恵信尼が、ゆえあって越後に帰国したからではない。人間存在にまつわる罪業の意識に根ざした彼の思索が、門弟たちのあいだで精確な理解を得られなかったからだ。門弟たちは、あるときは、親鸞の行ずる「易行」を不満として奥義を求め、また、あるときは、「悪人正機の説」を誤解して「放逸無慚《ほういつむざん》」なふるまいをした。あまつさえ、みずからの名代として関東に派遣した長子善鸞《ぜんらん》が異説をとなえ、法然・親鸞の法統のなかで決定的に重要とされてきた法蔵菩薩の第十八願を「しぼめる花」（無意味なもの）と断じたと聞くにおよんで、親鸞は、思想家・宗教者としての孤独を痛切に実感せざるをえなかったであろう。建長八年（一二五六）五月、八十四歳の親鸞は、「親鸞にそらごと申しつけたるは、父を殺すなり。五逆のその一なり。この事ども伝へ聞くこと、あさましき様申す限りなければ、いまは親といふことあるべからず、子と思ふこと思ひきりたり。三宝・神明に申しきり了《をは》りぬ。悲しきことなり」と述べる書状を善鸞のもとに送り、彼を義絶する。親鸞は、自己の思索が他の理解を得られないという事態に直面し、思念を紡《つむ》ぎそれを語りいだすことの困難をひしひしと感じていただろう。その感覚が、彼を孤独の淵に呻《しん》吟《ぎん》させたであろうことは、想像にかたくない。

　京都での親鸞は、寺をもつこともなく、知人の住居に寄宿し、関東の門弟からのわずかばかりの送金に頼る生活を送った。「非僧非俗」（僧にあらず、俗にあらず）をもって自己の在るべき姿と見定めた親鸞は、僧の立場から高みに立って庶民を教え導くことを嫌ったのだろう。彼は、細々とした暮らしのなかで、浄土教の精髄を伝える書物の執筆に精力を注ぎこんだ。

善鸞義絶事件から六年後、弘長二年（一二六二）十一月二十八日、親鸞は寄宿先善法院の一隅で、益方入道と覚信尼の二人の子に見守られながら、九十年の生涯を閉じた。恵信尼の手紙（親鸞示寂を報せる手紙への返書）に「されば御臨終はいかにもわたらせ給へ」（殿のご臨終がどのようにあらせられたにせよ）とあることからもうかがい知られるように、親鸞の最期はかならずしも泰然自若《たいぜんじじゃく》たるものではなかったらしい。思想家としての孤独に喘ぐ親鸞は、みずからが歩み来たった道を悠然と振り返る姿勢、すなわち、自足のうちに死を受容する態度を示すことができなかったのだろう。罪悪深重の自覚のゆえに浄土門に帰依し、その自覚に立って思索の途を歩みつづけた親鸞が、臨終に至ってなお煩悩にまみれた姿をあらわにしたとしても、それは、彼の思想の具現でこそあれ、自己（思想）を裏切るものではない。親鸞は、いかにも親鸞らしい姿で世を去ったのではなかったか。

親鸞以後

以上、親鸞以前から親鸞に至る浄土思想（浄土教）の歴史を概観してきた。これによって、親鸞思想の原点に、自己存在、ないしは人間存在にまつわる罪業意識が存すること、および、その罪業意識が、親鸞ひとりに固有な、いわば特異な意識であったわけではなく、むしろ、彼の同時代人たちの心底に共有される集合的な意識であったことがあきらかになったかと思う。親鸞と同時代を生きた人々は、正像末史観にもとづいて、自分自身を「行」と「証」とが欠落した汚濁の世に在る救われがたい存在者ととらえていた。人間であるかぎりの、あるいは、生きものであるかぎりの宿命として罪業をにないながら、しかも無明《むみょう》の世に在らざるをえない自分たちは、己れ一人の力で覚りの境地に達することなどできようはずもない。そういう思いが、親鸞の同時代人の胸中に渦巻いていた。「罪悪有力、善根無力」という認識を基盤とする法然の教えが、彼らの心をひきつけた背景には、そうした時代思潮があったと考えるべきだろう。

親鸞の心底に巣くい、彼が法然の門に帰入する直接の動機となった罪業意識は、「個」的に萌芽したものではなく、むしろ、時代の集合的思念（時代思潮）の反映だったといえる。だが、このことは、親鸞の思想が集団性のなかに埋没すること、いいかえれば、それが何の独自性ももたないことを意味するわけではない。

親鸞の同時代人たちによってになわれた罪業意識は、正像末史観と密接に関連していた。すなわち、「末法を生きる悪しき凡夫」という観念が、親鸞の時代を生きた人々にとって自己規定の基盤となっていた。

その自己規定には、「末法」を重視するか、それとも「悪しき凡夫」に焦点を定めるかによってゆれが生じる。自己が「末法」に在るということが重視される場合には、末法に在るがゆえに自分は罪深い存在者なのだという見かたがなされる。自己の悪性の原因が「時代」に求められるのだ。親鸞の同時代人たちは、多くの場合、そうした見かたに立っていた。

一方、自己が「悪しき凡夫」である点に思考の焦点が定められるとき、人は、時代の影響を考慮しながらも、それがかならずしも本質的なものでないことに思い至る。その場合、より本質的な問題は、自己存在そのものの在りかたにあると考えられる。末法の世に在るがゆえに自分が悪性を露呈してしまうことも事実だけれども、それにもまして、時代の枠を超えた自己自身の根源的悪性が問題なのだという認識が確立される。親鸞の罪業意識は、じつは、こうした認識によって貫かれるもので、そこに根ざして自己存在の現に在る姿を直視しつづけた点に親鸞思想の独自性がみとめられる。

だが、自己の根源的悪性を直視する姿勢は、法然によってもはっきりと示されるもので、親鸞の独創だとはいいきれない。法然によってなされた、「罪悪有力、善根無力」という人間についての規定は、法然の罪業意識の激しさを端的にものがたっている。しかし、他人に対して戒律の遵守を要求することを極力避けながらも、自身は生涯戒律を守りつづけた法然（彼は生涯独身だった）は、日常的現実のなかに自己の悪性を露呈することのない人物、すなわち本質的な意味での善人だった。ところが、みずからを「愚禿《ぐとく》」と称し、「僧にあらず、俗にあらず」

という境涯に身を置く親鸞にとって、ほかならぬ自分自身は、いかにしても善を修することのできない凡夫、戒を保てない罪悪深重《ざいあくじんじゆう》の凡愚《ぼんぐ》だった。

晩年の親鸞は、自己を顧みて、つぎのように慨嘆している。

浄土《じやうど》真宗《しんしゆ》に帰《き》すれども
真実の心《しん》はありがたし
虚仮《こけ》不実《ふじつ》のこの身にて
清浄《しやうじやう》の心《しん》もさらになし
（『三帖和讃』愚禿悲歎述懐）

親鸞はいう、「浄土の教えに帰入する身となっても、わたしの心が正しいものとなることはありえない。嘘いつわりに満ちた不実なわが身には、清浄の心などどこにもありはしない」と。

親鸞は、法然の教えに帰してなお悪性を拭い去ることのできない自己の姿を見据えている。女犯の罪を犯して妻帯し、現世にこだわる思いを捨てきれない自己の在りようを見極めながら、彼は、自己内部に悪の現実化をみとめている。

親鸞は、生涯にわたって、悪の本質を自分自身の現実に密着する事がらとして問いつづけた。

その、一見自虐的にも見える徹底した自己洞察は、彼の罪業意識を、本質的に善人であった法然のそれよりもいっそう深い次元へと導いた。親鸞は、師法然によって抱かれた、人間存在の根源的な悪性に目覚める意識を、師の立っていた地平を超えて、さらなる深みへともたらした思想家だった。

親鸞の思想は、曾孫覚如《かくにょ》によって平易な形に焼き直され、門徒たちの合意のもと一系の血脈によって相承《そうしょう》されるべきものとされる。親鸞没後の門徒たちの企ては、法統に血縁関係をもちこむもので、おそらく親鸞の真意に適《かな》うものではなかっただろう。しかし、宗派を血縁関係を軸として維持しようというその企てによって、親鸞の思想が世に普及する手がかりを得たことは否定できない。かりに、罪業意識を各自の内面で深めることが時代の要請であったとしても、『教行信証』に典型的な形で示される親鸞の晦渋《かいじゅう》な思索が平易な形で血脈のなかに受け継がれることがなかったならば、親鸞の思想の流布は希むべくもない事態だったと考えられる。

本願寺は、第三世法主覚如の死後第八世蓮如の登場までのあいだ、衰退の一途をたどる。遅咲きの思想家蓮如が骨肉の相続争いを経て四十三歳で法主の座についたとき（長禄元年、一四五七）、本願寺には、「たゞ一尺ばかりの味噌桶一と代物百疋」があっただけだったという（『拾塵記《しゅうじんき》』『実悟記《じつごき》』）。本願寺がその苦境を脱したのは、ひとえに蓮如による布教活動が功を奏したことによる。蓮如は、越前吉崎、山科、石山などを拠点として教団（浄土真宗）の勢力の拡張につとめた。その結果、本願寺教団は、畿内・北陸などを中心に全国に多数の門徒をもつ巨大な宗教組織となる。蓮如は、まさに浄土真宗中興の祖であった。

蓮如の教説は、彼が生前に書き残した『御文（御文章）』によって、その概要を知ることができる。彼は、親鸞においてはかならずしもあらわな形で示されることのなかった「信心為本《しんじんいほん》」の立場、すなわち、弥陀の願力を信じることをすべての行にまして重視する立場を鮮明にするとともに、本願の無差別性を強調しつつ、親鸞の教えが万人を包みこみうることをあきらかにする。とりわけ注目すべきは、女人往生の現実性を親鸞以上に強調した点である。蓮如は、過去、現在、未来の三世にわたって存在するすべての仏から見捨てられた女人を、弥陀のみが救済する（弥陀の願力によって往生することができる）と説き、当時の女性たちにむかって、ひとすじに弥陀に帰依することをすすめた。女性に障《さわ》りがあるという考えかたは、わたしたち現代人にはとうていみとめることのできないものだ。女性を諸仏から見捨てられた存在と見る点において、蓮如はわたしたちには肯定できない認識に立っている。しかし、当時の常識ではあくまでも障りをもつ存在として規定される女性が、弥陀による救済という視点から見た場合、男性と同等であると説く点に、時代の制約を超えた蓮如思想の斬新さがあるというべきだろう。

このように、蓮如は、女人往生という考えかた、ひいては、万人の平等な救済という認識の面で、親鸞思想を発展させた。「信心為本」の立場も、親鸞の真意を汲みとりながら、それにいっそう展開をもたらしたものと見てよい。しかも、蓮如が「信心為本」の立場を強調した背景には、彼自身の研ぎ澄まされた罪業意識がある。罪悪にまみれた人間には、すべてを弥陀のもとに投げ出す以外に救われる可能性がない。そう考えるからこそ、蓮如は、「信心為本」の立場にこだわりつづけた。罪業意識は、法然から親鸞へと受け継がれたもので、蓮如もまたそれを正面から受けとめているといってよい。蓮如の思想は、親鸞のそれを忠実に継承しつつ発展させてゆくものだった。

しかし、蓮如の罪業意識は、人間存在の深淵にまで達するものではなかったように見うけられる。彼が、『歎異抄』を衆目にさらすのを禁じたことは、このことをほのめかしている。蓮如は、「善人なほもつて往生を遂ぐ。いはんや、悪人をや」という一節に危険な臭いを嗅ぎとり、それが誤解を招くことをおそれて、同書を禁断の書として扱ったものと思われる。蓮如は、おそらく、この一節を道徳・倫理の視点から読み、そこに逸脱の危険性をみとめたのだろう。だが、この一節は、道徳・倫理の次元で善悪を判断してゆこうという意図を示すものではない。次章で詳述するように、それは人間存在の根本に肉薄する言説であり、その根源性を味わうことは、道徳的・倫理的な意味での危うさとは本質的に無関係である。蓮如はそのことを見抜けなかった。彼の罪業意識は、親鸞思想の深みにまでは届いていなかったというべきであろう。

第二章　悪人正機の説

破戒の論理

前章で述べたように、親鸞の心底には、強烈な罪業意識が渦巻いていた。罪悪にまみれ、汚濁に満ちた自分のような者が救われるにはどうすればよいのかということが、親鸞にとってもっとも重要な問題だった。

罪業意識は、罪業の対極にあるものとして「善」を想定し、それとの比較・対照のもとに罪業の在りどころを見定めてゆく思考に根ざしているはずだ。とするならば、罪業にまみれた自己を本質的に救われがたい存在と見切る認識に立つとき、親鸞は、救われる存在として「善」の主体たる「善人」を想定していたものと考えられる。ところが、『歎異抄』によれば、親鸞は、善人の救済を副次的なものととらえ、悪人の救済こそが第一義的に実現されると説いた。深甚な罪業意識が、善人を軽視する考えかたを生み出したとすれば、それは奇妙な事態だとしかいいようがない。親鸞は、なぜ、こうした一見奇怪にうつる論を展開するのか。本章では、この問題への解答を探ることをとおして、親鸞の「悪の思想」の内実をあらわにしたい。

善人でさえも往生するならば、悪人が往生するのは当然だという認識は、通常、「悪人正機《あくにんしょうき》の説」（悪人こそが往生の「正機」、すなわち、まさに往生するにふさわしい人間である、という説）と呼ばれている。この悪人正機の説は、『歎異抄』第三条において展開される。以下は、第三条の全文。

「善人なほもつて往生を遂《と》ぐ。いはんや、悪人をや。

しかるを、世の人つねに言はく、『悪人なほ往生す。いかにいはんや、善人をや』。この条、一旦、そのいはれあるに似たれども、本願他力の意趣《いしゅ》にそむけり。

そのゆゑは、自力作善《さぜん》の人はひとへに他力をたのむこころ欠けたるあひだ、弥陀の本願にあらず。しかれども、自力のこころをひるがへして他力をたのみたてまつれば、真実報土の往生を遂ぐるなり。

煩悩具足《ぼんなうぐそく》のわれらは、いづれの行にても、生死《しやうじ》を離るることあるべからざるを憐《あは》れみ給ひて、願をおこし給ふ本意、悪人成仏のためなれば、他力をたのみたてまつる悪人、もつとも、往生の正因《しやういん》なり。

よつて、善人だにこそ往生すれ、まして、悪人は」と仰せ候ひき。

『歎異抄』の著者唯円は、ここで、親鸞がつぎのように語ったと伝えている。

「善人でさえも往生を遂げる。まして、悪人が往生するのはいうまでもないことだ。それにもかかわらず世人は、こういっている。『悪人でさえも往生する。まして、善人が往生するのはいうまでもないことだ』と。世人のこうした発言は、一応根拠があるように見えるけれども、じつは、本願他力の信心の趣旨に背いている。その理由はこうだ。自分の力で善行を積んで覚りをひらこうとする人は、いちずに他力に任せきる心が欠けているために、弥陀の本願の対象とはならない。しかしながら、自力を恃《たの》む心を翻《ひるがえ》して、すべてを弥陀の本願にお任せする他力の立場に立つならば、極楽浄土に往生することができる。あらゆる煩悩を身に備えたわたしたちは、いかなる修行によっても、この生死流転《るてん》の世界を離れることがかなわないのだが、弥陀はそのことをお憐れみになって、一切衆生を浄土に摂《おさ》め取ろうという願をお立てになった。その弥陀の真意は、悪人を成仏させることにあるのだから、一切を弥陀の本願に委《ゆだ》ねきって他力の立場に立つ悪人こそが、まさしく救いにあずかるべき身である。したがって、善人でさえも往生できるのだから、まして悪人は当然だ、ということになる」

さしあたって、この条で問題になるのは、自力か他力かいずれが弥陀の本願にふさわしいかという点であり、それは、他力こそがふさわしいという結論を与えられている。法然以来の浄土教の伝統のもとでは、極楽浄土への往生を願ってすべてを弥陀への「信」のうちに投じようとする者が、弥陀の願力によって救済されると考えられている。この伝統に照合すれば、他力を信頼する者こそが救われるというのは、浄土教に特有の思考とみとめられるから、その思考を前面に押し立てる『歎異抄』の記述はけっして奇をてらうものではないといえよう。

だが、『歎異抄』は、「自力作善の人」は「弥陀の本願にあらず」といいきっている。善行を積む人間は、弥陀の本願の対象にはならない、逆に、悪の主体としての悪人こそが本願の対象になると断定するのだ。

この断定が親鸞の真意を精確に伝えるものだとすれば、親鸞は、善行とは無縁な者、ひいては、邪淫、妄語などの罪はおろか、殺人という極重の犯罪をすら犯すような道徳的・倫理的に無道な悪人が、弥陀の願力にあずかって往生を遂げると主張していることになる。このような主張が、仏教の戒律を破ることを是《ぜ》とする認識、すなわち「破戒の論理」を展開するものであることは論をまたない。積善《せきぜん》の心がけを内面に定めながら、厳しく自己を律してゆく人、つまり、道徳的・倫理的に善なる人間は往生の可能性から遠ざかった地点に立っており、むしろ道徳的・倫理的に無軌道な悪人こそが往生の可能性にもっとも近づいている。親鸞は、そう説いている、と考えざるをえない。

もしそのように解するとすれば、浄土真宗というわが国最大の仏教宗派の宗祖が、反道徳・

反倫理の立場に立つ破戒僧だったことになる。

宗教は、道徳・倫理のうちに包みこまれるものではないだろう。それは、道徳・倫理を超える一面をもつ。たとえば、宗教において想定される超越者（神や仏）は、道義的に正しい人々に幸福をもたらす存在として意味づけられるとはかぎらない。多くの宗教のなかで、超越者は、人知の限界を超えた存在として位置づけられ、一般に、その権能は、善悪についての人間的判断には左右されないものととらえられる。このことに留意するならば、かりに親鸞の立場が反道徳・反倫理を鮮明にするものだとしても、そのことをもって彼が宗教から逸脱していることを示すと断定するわけにはゆかない。熱心な仏教信者であった親鸞が、日常の道徳・倫理を無視しようとする傾向を示したということも、けっしてありえないことではない。

しかし、仏教の根底には、「慈悲」の精神がみとめられる。それは、衆生に楽を与え（「慈」）、彼らの苦を取りのぞく（「悲」）ことをめざす精神で、その精神の主体として生きることが、道徳的・倫理的視点から見て「善」であることは、とり立てて強調するまでもない。仏教は、現世で「慈悲」を貫くことをめざす点において、まぎれもなく道徳的・倫理的善を追い求める宗教だといえよう。

今日の浄土真宗の信徒も、宗祖親鸞を道徳的・倫理的善を徹底的に追い求める人物ととらえながら、彼の教えに帰依している。したがって、もし、親鸞が破戒の論理を展開する破戒僧だったとすれば、反道徳・反倫理の立場を鮮明にする宗祖の教えが、道徳的・倫理的に生きることをよしとする観点から信奉されていることになる。これは、奇怪な矛盾といわなければならない。

『歎異抄』に接した先人たちは、この矛盾に気づき、それを解消しようと試みた。その試みは、おもに二つの方向から行われた。一つは、『歎異抄』の所説から親鸞を切り離すもの。もう一つは、『歎異抄』が逆説を展開していると解するものである。

二つの解釈

「善人なほもつて往生を遂ぐ。いはんや、悪人をや」というたぐいの言説、すなわち、善人でさえも往生を遂げるのだから悪人が往生するのは当然だといった言説は、『歎異抄』以外の親鸞関係の文献には明瞭な形ではあらわれない。『教行信証』以下の親鸞自身の手に成る著作のなかにも、悪人正機の説を鮮明に披瀝する文脈は見あたらない。「専門的」な親鸞研究は、古くからこのことを問題にしてきた。親鸞の思想は親鸞自身の発言を手がかりとして考察されるべきだとする多くの「専門的」な親鸞研究者たちは、悪人正機の説は、『歎異抄』の著者唯円に固有のもので、親鸞はそれを説いてはいない、と主張した。

この主張を妥当と見るならば、道徳的・倫理的悪を犯す者こそが弥陀による救済の対象となるとする「破戒の論理」を親鸞に帰する必要はないことになり、親鸞を「破戒僧」ととらえる見かたも当然否定されることになる。その場合、師が説かなかった説を師に帰した唯円は、クリストを売ったユダにも等しい裏切りの徒と見なされ、序章で紹介した山折哲雄氏の所説（『悪と往生』）は事の真相に鋭く迫るものとみとめられる。

親鸞が「破戒の論理」の提唱者であったことを否定するもう一つの有力な説は、『歎異抄』こそが親鸞思想の精髄を示すものだという立場に立つ、浄土真宗改革運動のにない手の一人暁烏敏の所説（『わが歎異抄』など）である。暁烏は、およそつぎのように説く。

すなわち、『歎異抄』の悪人正機の説は、一種の逆説を語るもので、そこでいう「悪人」とは、自己の罪深さに目覚めた善人のことにほかならない。一方、「善人」とは、自己の罪深さを自覚できずに自分こそ善き者であると妄信する悪人をさす、という。これによれば、親鸞は、悪人正機の説を披瀝することによって、一見「善人」のように見える本質的な意味での悪人でさえも往生できるのだから、「悪人」であるかに見えてそのじつ善人にほかならない者が往生するのは当然のことだ、と述べていることになる。この場合にも、やはり、親鸞は、「破戒の論理」から解放される。

以上の二つの解釈は、前者は、的確な文献検証にもとづいている点で、後者は、『歎異抄』

の悪と善とを人間存在の根源的悪性についての自覚の有無という視点から鋭く考察している点で、いずれも妥当なもののように見える。だが、これらの解釈をその論点の根幹を見据えながらつぶさに検討してみると、両説はともに欠陥を抱えこんでいることがあきらかになる。

悪人正機の説は、『歎異抄』の著者唯円に固有のもので、それを親鸞に帰することはできないとする解釈は、「善人なほもつて往生を遂ぐ。いはんや、悪人をや」といったたぐいの言説が親鸞自身の著わした文献には見えないことを根拠にして成立している。しかし、親鸞自身の文献にその種の言説が見えないことは、そのままただちに、親鸞がその種の言説を口にしなかったことを意味するわけではない。晩年の親鸞、唯円が直接師事したころの親鸞が、それを語り、唯円が後にそれを、異説の流布を歎く自著のなかに、正統な師説として取りこんだということも、十分にありうる。晩年の親鸞が、関東の門弟たちに送った書信のなかで、いくたびも「造悪無碍《ぞうあくむげ》」を戒めていることは、この点についての傍証となる。

「造悪無碍」とは、弥陀を信じて念仏をとなえる者は、どのような悪を行ってもさしつかえないとする態度であり、晩年の親鸞は、こうした態度をとることを関東の門弟たちに対して厳しく禁じている。たとえば、本願寺第三世法主覚如の次男従覚《じゅうかく》によって編纂された親鸞の書簡集『末燈鈔』所載の第十六書簡には、つぎのような一節が見える。

なによりも、聖教の教へをも知らず、また浄土宗のまことの底をも知らずして、不可思議の放逸無慚《はういつむざん》の者どものなかに、悪はおもふさまに振舞ふべしと仰せられ候ふなることそ、かへすがへすあるべくも候はず。北の郡《こほり》にありし善證房《ぜんしようばう》といひし者に、つひにあひむつるることなくてやみにしをば見ざりけるにや。凡夫なればとて、なにごともおもふさまならば、盗みをもし、人をも殺しなんどすべきかは。もと盗みごころあらん人も、極楽をねがひ、念仏を申すほどのことになりなば、もとひがうたるこころをもおもひなほしてこそあるべきに、そのしるしもなからん人々に、悪くるしからずといふこと、ゆめゆめあるべからず候ふ。煩悩にくるはされて、おもはざるほかにすまじきことをも振舞ひ、いふまじきことをもいひ、おもふまじきことをもおもふにてこそあれ。さはらぬことなればとて、人のためにも腹ぐろく、すまじきことをもし、いふまじきことをもいはば、煩悩にくるはされたる儀にはあらで、わざとすまじきことをもせば、かへすがへすあるまじきことなり。

親鸞はいう。ほしいままにふるまって恥じるところのない者どものなかに、思うままに悪事をはたらいても何のさしさわりもないと説いている者がいるが、それはとんでもないことだ。煩悩具足の凡夫が弥陀の本願の直接の対象となるからといって、何ごとも思いどおりに行ってよいなどということがあろうか。煩悩に狂わされたわけでもなく、故意に、なすべきでないことをしたり、いうべきでないことをいったりしてはならない、と。

親鸞は、ここで、妄語や盗み、殺人などの悪、すなわち、「〜すべからず」という命法の対象となる道徳的・倫理的悪を厳しく戒める態度をとっている。こうした態度は、同じ『末燈鈔』の第十九、第二十書簡などでも強調される。晩年の親鸞が、関東の門徒たちの生きざまをめぐってもっとも深い関心を寄せていたものが、「造悪無碍」の問題であったことが知られる。親鸞は、なぜ、くどいほどにいくたびも関東の門徒たちにむかって「造悪無碍」を戒めなければならなかったのだろうか。

この問いへの解答は、一つしかない。親鸞は、関東の門徒たちを前にして、悪人正機の説を説いたことがあり、それが、悪人が救われるのであれば悪行をどこまでも徹底して行うことが許されるはずだという誤解を生んだから、というものだ。

悪人正機の説は、『歎異抄』の著者唯円のひとりよがりの異説などではなかった。それは、親鸞が、おそらくは口伝《くでん》という形で、門徒にむかって説いたものだった。『歎異抄』は、その口伝を忠実に記述するもので、それを親鸞から切り離して理解することは、事の真相を大きく見誤ることにつながる。

『歎異抄』の後序（後記）には、「故親鸞の仰せ言《ごと》さふらひしおもむき、百分が一《ひとつ》、片端《かたはし》ばかりをも思ひ出で参らせて、書きつけ候ふなり」という記述が見える。これは、唯円が師説の箇潔な祖述を試みたことをものがたっている。悪人正機の説が、忠実な祖述を逸脱した地点で語られたと解することは、とうてい不可能というべきだろう。

一方、暁烏敏の解釈は、悪人正機の説を親鸞の口伝とみとめ、かつ、そこに整合的な論理の道筋をたどるものとして妥当性をもつように見える。先に示唆したように、根源的悪性へのまなざしが親鸞に存していたことをあきらかにする点で、この解釈は透徹しているといってよいようにさえ思える。しかし、「善人」とはじつは悪人のことで、「悪人」とはじつは善人のことだという主張は、『歎異抄』にも、親鸞自身の手に成る他の著作のうちにもみとめられない。親鸞は、あくまでも、「悪人」が根源的悪性を抱えこんだままの姿で弥陀の本願力にあずかるという認識をくずそうとはしない。『歎異抄』の悪人正機の説も、一見悪とうつりながらも本質的には善である者の往生を説くものではなく、いかにしても「善人」たりえない「悪人」の往生に説きおよぶものと見るべきだろう。

こうして、先学が提示した二つの解釈は、いずれも、妥当性に欠ける面をもつ説ということになる。問題は、振り出しに戻ったように見える。親鸞は、「破戒の論理」を展開する「破戒僧」か否か。わたしたちは、この問題の前に依然として立ちつくしているようだ。

だが、この問題が解決の不可能な難問のように見えるのは、じつは、「悪」をめぐるわたしたちの理解が、かたよったものであることによる。

『歎異抄』の悪人正機の説をめぐる従来のすべての解釈は、「悪」を道徳的・倫理的悪と解してきたといっても過言ではない。このように解するとき、親鸞は、他者を苦しみにおとしいれて平然としているような極重の悪人が、まず第一に弥陀による救済の対象になると主張していることになる。その主張が、「放逸無慚」(前掲、『末燈鈔』第十六書簡)なものであることは、否定しがたい。親鸞を、「破戒の論理」を説く「破戒僧」と見なさざるをえなくなるのはこのためだ。『歎異抄』にいう「悪」を道徳的・倫理的悪と解しながら、なお親鸞を有徳の僧ととらえる従来の解釈は、みずからが展開する論理の筋道を、どこかでねじまげることによってしか成り立たない。

だが、もし、悪人正機の説にいう「悪」が道徳的・倫理的悪ではなく、別の種類の悪をさすとすれば、事態は一変する。たとえば、それが、人間が「いま」「ここ」に在るということの根本にかかわる悪、すなわち「存在論的悪」であるとすればどうだろうか。その場合、親鸞は、人間が在るということそれ自体を「悪」と見定めていることになり、そうした視点からは、具体的行為のいかんを問わず、道徳性・倫理性とは無関係な次元で、すべての人間が「悪人」以外の何ものでもないという認識が導かれる。

存在論的悪

仏教の根底には、「如来蔵《にょらいぞう》思想」が存している。如来蔵思想とは、元来、すべての動物に将来仏になるべき素質、すなわち「仏性《ぶっしょう》」が宿っていると説くもので、たとえば、『涅槃経』に見える「一切衆生《いっさいしゅじょう》、悉《しつ》有《う》仏性《ぶっしょう》」という言辞によって、簡潔に表現される。立川武蔵氏の『日本仏教の思想』によれば、如来蔵思想がわが国に流入したとき、それは神祇信仰と結びつけられて拡大解釈をほどこされたという。すなわち、わが国固有の神祇信仰のもとでは、土地にはクニダマが、木にはコダマが、ことば（言《こと》）にはコトダマがという形で、生物・無生物の別を問わず、ありとあらゆる存在者に霊的な生命力（タマ）が宿るとされる。こうした物活論的な思考が、移入された仏教思想のなかに反映され、その結果、動物のみならず、植物をも含めたすべての生きものに仏性が内在するという日本仏教特有の如来蔵思想が生まれた。

親鸞も、このような日本流に変容された如来蔵思想と無縁ではなかった。『教行信証』が『涅槃経』を大部にわたって引用していること、わけてもその引用のなかに「一切衆生、悉有仏性」という句が含まれる（「信巻」）ことは、この点についての傍証となるだろう。

親鸞が如来蔵思想を受容していると説くにあたって注意を要するのは、『歎異抄』に「仏性」

という語が見えない点である。伊藤博之氏は、新潮日本古典集成『歎異抄　三帖和讃』の解説において、この点を指摘し、それは、『歎異抄』を著わそうとした唯円の動機が、親鸞没後に横行した異説の修正にあったことに起因すると説いている。伊藤氏が指摘するように、唯円は、親鸞のすべての発言を網羅しようとしたのではなく、異説批判という目的のもとに、一定の基準を設け、それにもとづいて親鸞の発言を取捨した。したがって、『歎異抄』では、おもに異説を招いた概念がとりあげられ、それを招かなかった概念はおのずと省略されることになった。「仏性」という概念は、批判の対象とすべき異説を招かなかったのだろう。だから、それは、『歎異抄』の論述から洩れることになったものと推察される。

「仏性」という概念が『歎異抄』にあらわれないことは、親鸞が口伝としてそれを伝えなかったことを意味するわけではない。親鸞も、当然、それを語りかつ伝えた。だが、一切衆生、すなわち生きとし生けるものが、みな仏性をもつという認識は、日本仏教に帰依する者のすべてに共通の認識である。唯円は、常識の範囲に属し、親鸞特有のものでもないその認識を、ことさら強調しなければならない必要性をみとめなかったのだろう。

親鸞は、自著において、しばしば「仏性」という概念に論及し、それを詳細に説明する。たとえば、法然門下の聖覚《せいかく》の書『唯信鈔《ゆいしんしょう》』の注解として書き著わした『唯信鈔文意』のなかで、親鸞はこう述べている。

仏性すなはち如来なり。この如来、微塵世界にみちみちてまします。すなはち一切群生《ぐんじやう》海《かい》の心にみち給へるなり。草木国土ことごとくみな成仏すと説けり。

親鸞はいう。仏性は、如来（仏）であり、それは世界の隅々にまであまねく存在する。草木国土など、すべての存在者に仏性は宿り、すべての存在者はそれにもとづいて往生を遂げる、と。如来蔵思想は、親鸞思想の根底に定着しているといってよい。

ちなみに、親鸞が二十年におよぶ修行時代を過ごした比叡山の天台教団においては、しばしば「本覚《ほんかく》思想」が説かれた。それは、衆生には本来覚りに至る智慧《ちえ》（本覚）が備わっていると主張するものだった。親鸞の「仏性」観は、この本覚思想の影響下に形成されたと見てもよいだろう。彼は、覚りに至る智慧が備わっていることを明瞭に示すものが、各自に宿る「仏性」だと考えていたように思われる。

ただし、天台教団の本覚思想は、親鸞の「仏性」観の起点でありつつも、同時に、彼にとって躓きの石でもあった。神輿を奉じて洛都に乱入し、政治に介入する天台教団。人間の魂の救済を追求する仏教本来の在りかたから逸脱し、邪淫、権力欲等の妄執を内に抱えこんだ教団の姿を、親鸞は目のあたりにした。彼が直面した教団の現実は、人間の俗な側面にまつわる拭いがたい悪性を露呈していた。本来「本覚」を備えているはずの人間が、実際にはかくも邪悪であるのはなぜか。親鸞は、そうした問題に直面し、その解決を求めて天台教団を去ったと見ても誤りではないだろう。

さて、すべての生きものに仏性が宿るとすれば、生きものが在るということそれ自体が根源的悪性を露呈してしまうことになる。生命あるものは、自己の生存を維持するためには「食べる」という行為を欠かすことができないからだ。たとえば、人間は、自己の生命を保つために、自分たちに対して危害を加えない（敵対関係にない）他の動物を殺し、穀物などの植物を根こぎにしてそれらを食べなければならない。

生物界は、食物連鎖によって成り立っている。その連鎖のなかで、ある生命体が別の生命体を自己の生存の具（手段）としてとり扱うことは、けっして不自然なことではない。人間もまた生命体であるかぎり、そうした連鎖の枠組みから離れることはできない。だから、人間が他の生命体をみずからの食に供するふるまいは、自然の成り立ちという視点から見て、異常な行為とはいえない。

しかし、すべての生命体が、成仏へとつながってゆく素質、すなわち仏性を内在させていると考えた場合にはどうなるだろうか。その場合、わたしたちは、他の仏性をもった生きものを、「生きたい」という我欲のために犠牲にしていることになりはしないだろうか。如来蔵思想に依拠しながら、自己の「仏性」観を固めたとき、親鸞は、この問題に直面した。『唯信鈔文意』において、親鸞は、こう述べている。

屠《と》はよろづの生きたるものをころしほふるものなり。これは猟師といふものなり。沽《こ》はよろづのものを売り買ふものなり、これはあき人なり。これらを下類《げるい》といふ。

生命をもち、したがって、仏性を宿した他の生命体を生活のために殺害する者と、商行為に従事する者とを親鸞は「屠沽《とこ》の下類」と見なし、その悪性を見据える。人間は、生きようとするかぎり、狩猟や商業に頼らざるをえない。そこに人間の避けがたい悪性が存する、と親鸞はいう。

このように、生きとし生けるものに仏性が内在するという視点から、人間が「いま」「ここ」に在りかつ生きるという事実を見つめるならば、その事実そのものが人間の根源的悪性を開示しているといわざるをえない。それは、人間存在、ひいては生命あるものが在るということそれ自体にまつわる「存在論的悪」にほかならない。親鸞は、自己の「仏性」観にもとづいて人間存在の意味を凝視することによって、人間が、在ることそのものにかかわる根本悪、すなわち「存在論的悪」を抱えこんだ存在者であるという事実に直面したのだった。『歎異抄』の悪人正機の説にいう「悪」とは、道徳的・倫理的な悪ではなく、こうした「存在論的悪」を意味するのではないか。

親鸞は、『唯信鈔文意』において、猟師、あき人（商人）を「屠沽の下類」と規定した後で、「猟師・あき人さまざまの者は、みな、石・瓦《かはら》・礫《つぶて》のごとくなるわれらなり」と述べている。わたしたち人間は、みな猟師、商人などに類する者で、「石・瓦・礫」のように無価値だというのだ。親鸞に、人間存在を例外なしに悪しきものと見切る認識があったことは疑えない。

この点に関して注意を要するのは、親鸞が、猟師だけではなく、商人をも悪しき者の代表と見なしている点である。商人は、猟師と違って、生きものを殺す行為に関与しない。つまり、彼らは直接には自分の手を汚さない。それにもかかわらず、彼らが悪人と目されるのは、親鸞が、商行為（商業活動）それ自体を悪ととらえる認識に立っていたからだと考えられる。では、なぜ商行為は悪なのか。親鸞は、この点について明瞭な説明を与えていない。しかし、その理由を推察することは、親鸞にとって「存在論的悪」とは何であったかという点をよりいっそう明確にすることにつながってゆく。

排除の構造

商行為は、人間生活の根幹をなすもので、わたしたち現代人は、それなくして日々の生活を維持することができない。商行為によって生きるために必要な物品を購入することが不可能で、自分の手ですべてを確保しなければならないとすれば、生活は、ゆとりを失って、生きることそれ自体が目的であるような汲々としたものになってしまうだろう。生きることが文化を生み、それによって人間性が豊かになるような次元は、ひとえに商行為によって開かれているといってよ過言ではない。

親鸞は、その商行為が悪だという。それは、人間生活が商行為を介して文化的なものとして確立されている現実を否定する暴論のように見える。だが、仏教的視点に立って商行為の根底に存する人間の意思を見つめる場合、そこには暗い欲望が渦巻き、それが人間性をおとしめる一因になっていることがあきらかになる。

商行為とは、可能なかぎり安価に生産ないしは入手した物品をできるだけ高価に売りさばき、生産・入手と売却とのあいだに生じる差額を利潤として獲得する行為である。一見、売却される物品が、適正な価格で消費者の欲求を満たすかぎり、その行為は善行でこそあれ、悪行などではありえないように見える。まして、そこに人間的接触にもとづく奉仕的な要素（いわゆる「サービス」）が加わるとすれば、それは積極的に善として称賛されるべきではないか。だが、可能なかぎり安価に生産・入手し、できるかぎり高価に売ろうという、そこに固有な意図は、自己の欲望の充足を他の何ものにも先駆けて追求するものだ。何にもまして利他行《りたぎょう》を優先すべきだという認識に立つ人々の目から見た場合、商行為が本質的に悪性を露呈するものであることは、いかにしても否定しがたい。親鸞は、仏教、それも、一般庶民の救済を追求する大乗仏教の徒としてみずからを位置づけていた。大乗仏教に帰依することは、利他行を志向することと同義である。その親鸞にとって、利他的視点を極力排除した行為、本質的に利己的な行為として成立する商行為は、根本において悪性を具現する行為以外の何ものでもなかった。親鸞から見れば、それは、自己の利益を求めて他者を排除する行為だったといえよう。

人間の行為は、つねに、人間どうしのつながりのなかで行われる。商行為も例外ではない。徹底的に他者を排除することは、商行為にとっての自己否定を意味する。物品の売買は、人と人とのあいだでこそ可能になるもので、それを行うときには終始他者の心情に配慮してゆかなければならない。そのことを忘れ去った商行為など、机上の空論でしかない。商行為が現実に成り立っているとき、それはつねに他者の思いへの配慮を内に含んでいるはずだ。しかし、それにもかかわらず、仏教的視点に立つ者は、商行為を悪と見定めざるをえない。商行為は、自己の利益を他者のそれにまして優先するからだ。他者よりも自己を優先させる、まさにその瞬間に、商行為は、自己の欲望の充足をめがけて他者を排除する在りかたを示す。親鸞は、そうした「排除の構造」を見極めるがゆえに、商行為を悪ととらえたのではなかったか。

ただし、人間の営みのなかで、排除の構造を露呈するものは、商行為だけにかぎられない。食用に供するために動物を殺す猟師の行為は、あきらかに生きるということに関して他の動物を排除するものだ。また、一夫一婦制の枠組みのなかで特定の異性を生涯の伴侶として選択する行為も、それが愛情の独占を志向するものであるかぎり、ともすれば愛情関係のなかで他の同性を排除することにつながってしまう。狩猟や恋愛だけではない。そもそも、人間が何らかの行為を行うということそれ自体が、つねに排除の構造によって貫かれているといえるのではないか。

厳密にいえば、「行為」だけではない。行為以前に、人間が単に「そこに在る」ということそのものが、すでに排除の構造を具現しているように思われる。

わたしたちは、生存のためには、特定の「場」を必要とする。その「場」は、「わたし一人」によって占有されなければならない。生きることを肯定するかぎり、わたしたちは、その「場」からすべての他者を排除しなければならないはずだ。つまり、わたしたちは、現在という時点をある空間のなかで生きており、自己の在ることを否定することなしに、その同じ空間のなかに他者を導きいれることはできない。「いま」「ここ」にあるわたしの席には、「わたし一人」しかすわれないのだ。そういう意味で、わたしたちが「いま」「ここ」に在るということは、排除の構造をあらわにする。

一例として、入学試験を考えてみよう。入学定員が定められているかぎり、入学試験は競争という形をとる。競争は、他者を徹底して排除しようという意思にもとづいて行われる。しかも、そこに、自分さえ合格すればよいという自己中心性があらわになることを、誰しも否定することはできない。入学試験が社会の仕組みの一環として是認されている現実は、人間の悪性がやむをえざる事実として社会のなかで容認されていることを如実に示している。

ただし、人は、他者を排除することによって生きようとする悪しき意思を意識的に所有しているとはかぎらない。過酷な勉学を自分に課して、その成果としての入学試験での合格を当然のことと見なす人々も、自分が多くの他人を蹴落とし彼らに耐えがたい苦しみを与えたことを自覚しているわけではない。そうした人々は、ただ自分の合格を願っただけで、他人を蹴落とそうと意図したわけではないだろう。しかし、利他行をよしとする視点から見た場合、彼らが意図せざるうちに悪を犯していることは否定しがたい。

このように、人間は、ほとんど無意識のうちに、自分が在りかつ生きるために、他者を排除し犠牲にするという悪を行っている。悪人正機の説を展開したとき、親鸞は、このような「排除の構造」を念頭に置き、その、人間存在に宿命的にまつわりつく不可避の構造から「存在論的悪」が生じてくることを、鋭く見据えていたように思われる。この点についての傍証となるのが、『歎異抄』第十三条の記述である。

悪の不可避性

親鸞の時代の念仏者のなかには、「南無阿弥陀仏」ととなえる者の救済を保証してくれる弥陀の本願にあまえ、自己の存在にまつわる悪性について無反省な状態におちいる者が多数あらわれた。彼らは、弥陀の本願を妨げるほどの悪はないのだから、道徳的・倫理的な悪を犯してしまうことをおそれる必要はないと主張した。同時代人たちは、こうした人々を「本願ぼこり」と呼んだ。そして、同時代人たちのあいだでは、「本願ぼこり」は弥陀の願力によって往生することができるかどうかが、重要な問題として問われた。

『歎異抄』第十三条は、この問題に正面からとり組むもので、すべての悪は宿業《しゅくごう》によって生じるという視点から、「本願ぼこり」は往生できないとする説を親鸞の真意に反するものとしてしりぞける。すなわち、唯円によれば、いかなる悪もすべて過去の世（前世）で積み重ねられた行為の結果として宿命的に現世に生じるもので、「本願ぼこり」という悪もまた例外ではない。弥陀は、宿業としての悪をになう者を浄土へと救いとってくれるのだから、たとえ「本願ぼこり」であっても救済の対象になりうる、と唯円は説く。

その際、唯円は、かつて親鸞と自分とのあいだで交わされたつぎのような問答を紹介する。あるとき、親鸞は、唯円にむかって「唯円房は、わが言ふことをば信ずるか」と尋ねた。唯円が「さん候ふ」(はい、信じます)と応えたところ、親鸞は、自分の言に背く意思がないかどうかを重ねて問い、あくまでも随順しようという唯円の心組みを確認したうえで、こう述べた。「たとへば、人千人殺してんや。しからば、往生は一定《いちぢやう》すべし」と。人間を千人ばかり殺してくれないか。そうすれば、おまえの往生は定まるだろう、というのだ。驚いた唯円が、そのように仰せられても、自分の器量では、千人はおろか一人といえども殺せそうもありません、と応えたところ、親鸞は、つぎのように語った。

これにて知るべし。何事もこころにまかせたることならば、往生のために千人殺せと言はんに、すなはち殺すべし。しかれども、一人にてもかなひぬべき業縁《ごふえん》なきによりて、害せざるなり。わがこころの善くて殺さぬにはあらず。また、害せじと思ふとも、百人・千人を殺すこともあるべし。

「これでわかったろう。すべてが思いどおりになるなら、往生のために千人殺せといわれれば殺すこともできるはずだ。しかし、一人を殺すことができるような業縁がないから殺せないのだ。自分の心が善くて殺さないのではない。また、殺すまいと思っても、百人・千人を殺してしまうこともあるものだ」

ここには、悪についての親鸞特有の考えかたが鮮明に示されている。彼によれば、悪は、人間の意思を超えたいかんともなしがたい宿業（業縁）によって起こるもので、それを道徳・倫理の枠組みのなかでとらえるのは、あさはかな見かたでしかない。宿業に根ざす悪とは、人間の存在構造にまつわりついて離れない決定的な悪である。親鸞は、悪の原因が宿業に存するという認識を示すことによって、人間にとって避けることのできない構造が「存在論的悪」をもたらすこと、したがって、「存在論的悪」は道徳的・倫理的な善意思によって回避されるようなものではありえないことに言及している。

親鸞の説くような悪の避けがたさが、日常的な場面であらわな形をとることはまれである。勝利することによってしか自己の生存が保たれない戦場で、殺そうという明確な意図もなく百人・千人を殺害するという事態は起こりえないことではない。けれども、人間が無意識のうちに殺人を犯してしまっているというような状況が日常生活のなかに頻繁に起こるとは、常識では考えられないからだ。しかし、日常の一齣《ひとこま》一齣を見つめてみると、本質的に善でもなければ悪でもない無記《むき》（中立）な意思はもとより、善意思すらもが悪を導くという事態がありえないことではないことがわかる。たとえば、つぎのようなできごとを想定してみよう。

電車の駅で、足腰の不自由な数人の老人たちが、ホームと電車の昇降口との段差に難渋していた。電車の発車時刻が迫っていた。親切な乗客が、老人たち一人一人の手をとって彼らを車内に導いた。その間数分を要し、車掌もそれを待った。そのため、電車は定刻を数分遅れて発車した。同じ電車に乗り合わせた一人の大学受験生にとって、それが命取りになった。数分の遅延のために、つぎの駅で乗り継ぐはずの急行電車に乗れなくなり、受験開始時刻に間に合わなくなってしまったのだ。

この場合、事態は大学受験生にとってあきらかに悪い方向へと動いている。受験開始時刻に間に合わなかった点を重視するならば、右の事態全体が彼にとって悪だったといってもよいだろう。だが、この場合、だれが明白な悪意をもっていただろうか。足腰の不自由な老人たちは、ただ電車に乗ろうとしただけで、大学受験生に害を与えようとたくらんだわけではない。親切な乗客も車掌も、ひたすら善意にもとづいて行動している。悪意などどこにも存在しない。ところが、大学受験生は、結果的に重大な悪をこうむってしまった。

本書が想定したこのできごとは、善悪に関して無記な意思（老人たちのそれ）と善意思（親切な乗客と車掌のそれ）が、意図せずして悪を導いてしまう場合もありうることを端的に示している。

「害せじと思ふとも、百人・千人を殺すこともあるべし」という親鸞の言説は、非常の事態のみならず、日常生活のなかで起こる身近な事態にもあてはまる。悪は、人間の道徳的・倫理的意思を超えて、避けがたいものとしてわたしたちに迫り来る。親鸞は、おそらくそう主張したかったのだろう。そのような悪の相貌を冷静に見据えるとき、悪を道徳的・倫理的次元でのみ問題にしようとするわたしたちの一般的な姿勢は、根底から転換を迫られるように思われる。親鸞は、みずからの思索のなかで、その転換を果たした思想家だった。

万人悪人説

以上のように、悪が人間の意思を超えた次元で避けられないものとして立ちあらわれるとすれば、人間存在は、道徳的・倫理的意思がいかにあるかという問題とはかかわりなく、根本的に悪を抱えこんだ存在であることになる。親鸞は、このことを鋭く見抜いていた。だから、彼は、すべての人間は例外なしに悪であるという認識に到達することになる。たとえば、『末燈鈔』第二書簡の他力と自力の差異を力説する文脈のなかで、はからい（義）のないところにこその他力は成り立つという見解を示しながら、親鸞はつぎのように述べている。

しかれば、わが身のわるければ、いかでか如来むかへ給はんとおもふべからず。凡夫はもとより煩悩具足したるゆゑに、わるきものとおもふべし。また、わがこころよければ往生すべしと、おもふべからず。自力の御はからひにては真実の報土へ生ずべからざるなり。

親鸞は、自分の意思が善いものだから往生するにちがいないと考えるのは、自力の態度であり、これにもとづくかぎり往生は望むべくもない、と主張する。彼によれば、そもそも人間(凡夫)は、煩悩のくびきから脱することができないように宿命づけられている。だから、人間は「わるきもの」以外の何ものでもない。親鸞の認識では、いかなる人物であれ、彼が煩悩を備えた人間であるかぎり、とうてい「善人」などではありえない。

親鸞は、いわば「万人悪人説」の立場に立っている。彼の罪業意識は、「個」的に自己の内面を見据えることに終始するものではなく、広く人間存在一般の在りようを見極めて、そこに根本的な悪性をみとめるものだったといえよう。したがって、親鸞においては、「善」ないしは「善人」の存在を仮想して、それとの対比のもとに自己の罪業(悪性)をとらえるという姿勢は成り立たない。彼は、「善」性のかけらもないのが、人間の本来の姿だと見ていた。彼にとっては、そもそも「善人」の往生などということは、現実にはありえない絵空事《えそらごと》でしかなかった。たしかに親鸞は、「善人だにこそ往生すれ」（『歎異抄』第三条）と述べて、善人の往生に言及している。けれども、そこには、「もし善人というものがありうるならば」という反実仮想の意味合いがこめられているというべきだろう。

こうした点への洞察を欠くとき、深甚な罪業意識に立ちながらも弥陀による善人の救済を副次的・第二義的にとらえる親鸞の論理は、一見奇怪なもののように見える。だが、親鸞は、善と悪とを対比する思考にもとづいて、善との対照によって悪の悪性をきわだたせようというような相対主義的な態度とは無縁であった。彼は、人間存在にまつわる悪を絶対的なものと見ていたのであり、そうした見かたに立つことによって、彼は、この世界のどこかに自分の力で覚りの境地に到達することのできる善人がいるという考えを、自己の思索から徹底して捨て去った。したがって、善人の救済を副次的・第二義的にとらえる親鸞の認識を奇怪なものと見る視点は、親鸞思想の本質とは疎遠な地点で立てられるものだといわなければならない。

善悪の判断の問題、すなわち、何を基準として善悪を定めるべきかという問題に相対主義的な見かたが導入されるのは、一見きわめて自然なことのように見える。たとえば、わたしたちがシロアリについて善悪の判断をくだすとき、そこには、ほとんど必然的に相対主義的な見かたが混入する。

木造家屋を建てそこに暮らす人間にとって、シロアリはいうまでもなく害虫であり、その存在は悪以外の何ものでもない。シロアリは、木造家屋の礎柱を食い荒らしてそれを腐食させるからだ。だが、シロアリのこうした在りかたは、シロアリの自然のなかでの本来性に着目するならば、一概に悪だとはいいきれなくなる。というのも、本来、シロアリは森林に棲息《せいそく》する昆虫で、森林の立ち枯れた木々を腐食させることによってそれらを沃《こ》えた土へと還元させる役割をになっているからだ。自然の循環的組成という視点、つまり、つねに再生産されつつ構成されてゆくのが人間をも包みこむ自然の本来の姿だという観点から、シロアリの存在に着目するならば、シロアリは、森林に、ひいては自然界全体に貢献する生きものであって、その存在は悪であるどころか、むしろ善だといわなければならなくなる。

このように、文明を形成する人間にとっての文明の重要性という視点から見た場合、シロアリは悪と考えられる。一方、人間もまた自然界の一部をなす生きものであって自然の秩序にしたがうべきだという視点からは、シロアリは逆に善として肯定される。こうした日常の具体例に注目する場合、善悪についての判断は、総じて相対性の域を出るものではないといわざるをえない。

右の具体例において、判断を相対化させる原因は、人間的基準が設定されることにある。すなわち、この場合、人間が文明重視の視点に立つか、それとも、自然の生態系を重んじる立場に立つかによって、シロアリの善悪が揺れ動く。ここでは、あきらかに、人間的視点が判断基準になることによって、善悪の判断に相対性が生じている。

だが、親鸞は、善悪をいかに見定めるべきかという問題に関して、人間的基準を徹底して排除する。彼の関心は、人間が自己を基準にして対象をいかに見るかという点には置かれていない。彼の関心は、つねに、弥陀の視点から見た場合の人間存在に置かれている。

『歎異抄』第一条が親鸞の発言として伝える以下の言説は、このことを如実に示している。

しかれば、本願を信ぜんには、他の善も要にあらず。念仏にまさるべき善なきゆゑに。悪をもおそるべからず。弥陀の本願をさまたぐるほどの悪なきゆゑに。

親鸞はいう。

「一切衆生を浄土へと摂め取ろうという弥陀の本願を信じるからには、念仏以外のいかなる善も不要である。念仏にまさる善などありえないのだから。悪をおそれる必要もない。弥陀の本願を妨げるほどの悪などありえないのだから」

このように、親鸞は、弥陀の視点から見た善悪を問い、それをとおして、人間的善悪を超越する弥陀の在りかたに説きおよぶ。弥陀の視点は、人間的善悪を卑小なものとして無意味化する。だが、それは、善悪を相対化する視点ではない。法然以来の浄土教の伝統のなかで念仏がもっとも平易な行、すなわち「易行」と見られている点に注目するならば、「念仏にまさる善などありえない」という親鸞の言説は、人間は意図して「難行《なんぎょう》」としての善を行うことなどできないという認識を示すものと解せられる。親鸞のこの言説は、人間が意思的に念仏以外の善をなすことの不可能性に言及するものだといってもよいだろう。かりにその心底に善意思を定めるとしても、つまるところ念仏以外のいかなる善もなすことのできない人間は、根源的悪性をになって在る存在者としか考えられない。親鸞は、その根源的悪性を、弥陀の視点に立って、絶対的に不動のものととらえている。それは、人間が一つの決定的な定めとして身に負わざるをえないものであって、人間的視点から相対化されるようなものではない。しかし、その絶対的な悪を、弥陀は広大な慈悲をもって許容したまう、というのが親鸞の「悪の思想」を貫く基本的な認識であった。

「人間存在」にまつわる根本悪を見据えるとき、親鸞は、「人間」に焦点をあてていたのではない。彼は、むしろ「存在」を見つめ、そこに絶対的なもの、日常的な道徳・倫理を超えるものとしての悪が生じて在る現実を見とおしていたというべきだろう。

親鸞の「悪の思想」をめぐる以上のような理解を踏まえて、もう一度『歎異抄』第三条の悪人正機の説を考察してみると、新たな解釈が可能になってくる。

悪の自覚

『歎異抄』第三条において、親鸞は、善行を積み重ねて自分の力で覚りをひらこうとする人は弥陀の本願の対象にはならない、と断定する。追《お》い継《つ》いで、自力の心を翻して他力に信頼を寄せれば真実の浄土への往生が可能になると述べている点から見て、親鸞は、自力の行者を「善人」ととらえる一方で、他力にすがる者を「悪人」と見なし、弥陀の救済に関する、「悪人」の「善人」に対する優位を強調しているように見える。しかし、親鸞は、ここで、単に「自力か他力」を区別することに終始しているのではない。

自力の行者は、みずから善行を積もうとする。だが、人間は善行などなすことができないというのが、親鸞の基本的認識だった。この認識によれば、そもそも、善行を積む自力の行者など現実にはどこにも存在しないことになる。親鸞は、善行を積みながら現実を生きる者を「善人」と規定したのではなかったと見るべきだろう。

ならば、親鸞にとって「善人」とは何なのか。いよいよ、悪人正機の説の根幹に迫るこの問題が問われなければならない。それは、同時に、親鸞にとっての「悪人」とは何かを、これまでの考察にもまして、より深い視点から問うことを意味している。

こうした問いへの解答を探るにあたっては、超越者たる神によって何が「義」とされるかという問題を直視する際のクリスト教の考えかたが参考になる。前述のように、親鸞は、人間的基準にもとづいて善悪を判断しようとする態度を拒否し、弥陀の超越的視点から人間存在の「存在」にまつわる悪を見極めようとしていた。親鸞のそうした姿勢は、「義」とされるべき者をめぐるクリスト教的思考と通じ合う一面をもつ。

神がだれを「義」とするかという点に関するクリスト教の考えをもっとも端的に表明するのは、以下に掲げる新約聖書『ルカによる福音書』の一節（第十八章　九－一四）であろう。

「ファリサイ派の人と徴税人」のたとえ

自分は正しい人間だとうぬぼれて、他人を見下している人々に対しても、イエスは次のたとえを話された。「二人の人が祈るために神殿に上った。一人はファリサイ派の人で、もう一人は徴税人だった。ファリサイ派の人は立って、心の中でこのように祈った。『神様、わたしはほかの人たちのように、奪い取る者、不正な者、姦通を犯す者でなく、また、この徴税人のような者でもないことを感謝します。わたしは週に二度断食し、全収入の十分の一を献《ささ》げています。』ところが、徴税人は遠くに立って、目を天に上げようともせず、胸を打ちながら言った。『神様、罪人のわたしを憐れんでください。』言っておくが、義とされて家に帰ったのは、この人であって、あのファリサイ派の人ではない。だれでも高ぶる者は低くされ、へりくだる者は高められる。

（日本聖書協会『聖書　新共同訳』）

パリサイ人とは、ユダヤ教の一派パリサイ派に属し、宗教的な戒律を守ることにきわめて熱心な人々のことである。彼らのうちの多くは、社会的にも指導的な立場に立っていた。一方、徴税人とは、ユダヤの敵でありまた支配者でもあったローマにおさめる税金をユダヤ人から徴収する役目をもった人々で、ユダヤ人のあいだでは、売国奴と見なされ、売春をはたらく者にも劣る人間としてさげすまれていた。

右に掲げた一節によれば、こうした対照的な立場にあるパリサイ人と徴税人とがともに神の宮にのぼって祈りを捧げたという。パリサイ人は、自分が神を篤《あつ》く敬う者であるとともに、一切の罪とかかわらない善人であることを神に告げ、みずからが義とされることを願った。これに対して、徴税人は、自分が悪しき者であることを神に告げ、その悪しき在りようが神の憐れみのもとに許されることだけを乞うた。イエスはいう。神によって義しき者とみとめられたのは、徴税人であってパリサイ人ではなかった、と。

ここで、イエスは、人間社会の内部での善悪（義・不義）の判断が、超越者たる神のそれと重なるものではないことをあきらかにする。ユダヤ社会の基準に照らせば、パリサイ人が敬神の徒として高く評価され、徴税人は道徳性・倫理性に欠ける者として卑賤視されることになるはずだ。ところが、イエスは、ともに神の宮にのぼったとき、義とされたのは、社会的に蔑視される徴税人の方だったという。イエスのその判断は、いずれが自己の悪性を深く自覚しているかという点にもとづいている。すなわち、イエスによれば、神を敬い戒律を守っている自己をみずから義しき者と認定するパリサイ人は、人間存在にまつわる根源的な悪性について無自覚であるがゆえに、神による義認《ぎにん》の（義しい者とみとめる）対象とはなりえない。だが、自己の悪性を噛みしめながらそれを心の底から恥じ、ひたぶるに神の許しを求める徴税人は、神によって義しい者とみとめられる、とイエスはいう。

もとより、イエスと親鸞とのあいだの思想的な類似性を、一方から他方への影響関係を示すものとして実証的にとらえることなどできようはずもない。両者のあいだに類似があるとしても、それは、偶然の符合と解するべきだろう。しかし、イエスが自己の思想的基盤とした人間の悪性についての自覚に類似する意識が、親鸞思想の根底に存することを否定するわけにはゆかない。親鸞は、人間存在を悪と見定める認識にもとづいて、悪人正機の説を展開していると考えられる。イエスと同様に、親鸞も、自己存在の根本的悪性についての自覚を基準に据えながら、人間の善悪に言及しているといってよい。

すなわち、「善人なほもつて往生を遂ぐ。いはんや、悪人をや」と述べるとき、親鸞は、自分自身の「在ること」にまつわる避けがたい悪性を自覚している者、いいかえれば、自分が悪しきものでしかありえないことを深く認識している者を「悪人」と規定し、そうした悪性を自覚できず、むしろ自己の善性を仮想しようとする者を「善人」と規定している、と考えられる。親鸞によれば、自己存在の悪性を自覚する「悪人」は、自己に信頼を置くことができないから、すべてを弥陀の本願に委ねようとする。ところが、自己存在の悪性を自覚することができず、かえって自己の善性を恃む「善人」は、自己自身に信頼を寄せるがゆえに弥陀の本願にすべてを委ねようとはしない。だから、「悪人」がまさに往生すべき人間（正機）であるのに対して、「善人」は迂遠《うえん》な形、つまり、仮の浄土に生まれてから膨大な時間を経てようやく真の浄土にたどりつくという形でしか往生できない人間ということになる。親鸞は、そう考えていた。

親鸞の悪人正機の説をこのように解する場合、くれぐれも注意しておかなければならないのは、親鸞が、人間は本質的に善なるものだという見かたを根底から否定している点である。親鸞が、人間に「仏性」が宿ると見ていたことは明白だ。このことに着目するならば、彼は、人間にも善い面があると考えていたように思われる。だが、親鸞のいう「仏性」とは、道徳的・倫理的な視点から「善」と規定されうるものではない。それは、道徳・倫理の次元を超えた、「存在」の事実、つまり「在る」ということそのものにまつわる属性《ぞくせい》であり、厳密にいえば、善悪をめぐる人間的判断の対象にはならない。人間存在は、現実世界のなかで微塵《みじん》も善き性格を示さない。それは、ただ悪性にのみ蔽われて在る、と親鸞は見ていた。「仏性」は、そうした悪しき構造のもとに露呈される人間性、すなわち在るがままの人間性を支える基本性格として定位されるものではない。むしろ、在るがままに在ることにまつわる悪を犀利《さいり》に自覚して在る、その在りかたこそが、親鸞のいう「仏性」だったと見るべきだろう。

したがって、親鸞のいう「悪人」を「自己の根本悪を自覚している善人」ととらえる解釈（暁烏敏のそれ）は成り立たない。親鸞にとって「悪人」とは、自己の悪性を的確に把握して在る悪人のことであったと解さなければならない。「善人」は、彼の自己自身に対する思いいれとは無関係に、その実態において悪人でしかありえない、と親鸞は考える。親鸞によれば、「善人」はもとより、「悪人」もまた、悪人以外の何ものでもありえなかった。親鸞は、「悪人」が善人となって救われることを求めたのではなく、「悪人」が悪人のままで救済される可能性を追求したのだった。

悪ゆえの無力

わたしたちは、人間が悪人として在るということは、彼が悪を行うことのできる能力をもっていることを意味していると考えている。たとえば、他人をだますことができる、他人の所有物を盗むことができる、他人を殺すことができる、といったような能力が、それだ。

たしかに、道徳的・倫理的な意味での悪は、そうした能力を示しているのかもしれない。道徳的・倫理的悪がその責任を問われ、悪を行った者が道義的に非難されるのは、彼がみずからの自由な判断にもとづいてそうした能力を行使したからにほかならない。そもそも、他人をだまし、他人の物を盗み、他人を殺す能力がなければ、道徳的・倫理的悪など成立する余地がない。道徳的・倫理的な意味での悪しき行為に関する無能力は、道徳・倫理の確定を不可能にしてしまう。何一つとしてなすことのできない無能力は、本来、道徳・倫理とは無縁の次元に位置づけられるべきものだといってよい。

だが、人間の在ることとそのものにまつわる存在論的悪は、その主体に何の権能もないことを端的に示している。わたしたちが存在論的に悪であるということ、いいかえれば、わたしたちの在ることとそのものが悪であるということは、わたしたちが何かをなしうることを意味しない。

存在論的悪をになうことは、一切の権能とは無縁の次元で、ただ単に在ることによって悪であることを意味するにすぎない。

だから、自分が「いま」「ここ」に在ることを悪と見定める精神は、その見定めをとおして自己の能力を確認することができない。さらに、自分が存在論的に悪であるという意識は、道徳的・倫理的ないかなる権能も自己救済にはつながらないという認識を導く。こうした認識をもつとき、人は、自己の無力を痛切に実感せざるをえないだろう。

そうした無力さの自覚のもとでは、自分の力で覚りへの途《みち》が切りひらかれるという考えかたが全面的に否定される。無力な自己がどれほど努力を重ねようとも、それは救済の場に自己を置くことには結びつかないと考えられるからだ。親鸞が、自力の行を否定する理由は、じつはこの点にある。自己存在が何かに関して有力なものでありうるとすれば、自力の行が何らかの成果をもたらす可能性があるかもしれない。しかし、無力でしかない存在のうえにどのような努力を加えてみても、それは無限の海水をバケツで汲みつくそうとすることにも似た徒労でしかない。親鸞は、そう考えたのだろう。

親鸞は、自力の行を道徳的・倫理的悪として否定しているのではない。彼は、ただ、それを蟷螂《とうろう》の斧にも似たむなしいふるまいと見ているだけだ。無力な人間が、最善をつくしたところで、覚りの途がひらかれるはずもない。ならば、所詮は徒労でしかない営みを離れて、ひたぶるに超越者（仏）の慈悲にすがるべきだ、と親鸞は考えた。彼が、他力の立場、すなわち、弥陀の本願にすべてを委ね切る立場をよしとするのは、このためである。

自己を無力な存在ととらえるまなざしをもつことは、必然的に、信じるという行為の在りかたに対して一つの疑問を投げかける契機となる。というのも、「信」の主体たる自己が「個」として独自に超越者を信じるという考えかたは、自己を有力なる存在と見る視点にもとづくもので、自己の無力さについての自覚は、その視点を根底からつきくずしてしまうからだ。つまり、自己が徹底的に無力だと思うとき、人は、その無力な自己が超越者を自力で信じることができるとは考えられなくなってしまう。「信」が「自己→超越者」という構造のもとに成るという認識は、自己の権能が無反省に確信される場面において成り立つ。こうした無反省な確信がくずれるとき、人は、その認識に疑いをもたざるをえなくなる。

親鸞の場合も、例外ではなかった。彼は、人間存在にまつわる根本的悪性についての自覚をとおして、自己の無力さの認識へと立ち至った。そのことによって、親鸞は、「信」の構造に関する在来の認識が、その根底から変更を迫られているのを実感した。親鸞は、もはや、「我」という主体と、超越者という客体とをそれぞれ別個に立てて、「信」を媒介として両者をつなぐというような考えかたをとることができなかった。こうして、親鸞の思索とともに、「信」の構造が転換を遂げる。次章では、その転換の跡を克明に追うことにしたい。それは、親鸞の

「悪の思想」が彼の信仰（信心）にどのような変化をもたらしたかを考察することにつながるだろう。

だが、章を改める前に、一点だけ述べておくべきことがある。

通俗的「信仰」論

本書は、親鸞が自己の信仰のただなかで固めた思索を跡づけることをとおして、彼の「悪の思想」の根幹をあらわにしようと企図している。この企てが、「信」の世界にかかわり、その内部で悪の問題を問うものであることは、ことさら強調するまでもないだろう。だが、昨今の通俗的な「信仰」論は、こうした企てそのものを無意味だと断定するかもしれない。親鸞の「悪の思想」に触れたいま、本書のつぎの課題は、それが彼の思想体系の内部でどのような形で具体化されるかを追思することにある。この課題にむかって歩を進めるにあたっては、通俗的な「信仰」論が薄弱な根拠のうえに成り立っていること、したがって、それが本書の考察の不毛を証拠だてるものとはならないことをあきらかにしておかなければならない。

本書のいう「通俗的『信仰』論」とは、超越者に「信」を寄せる思考を、自然科学的真理に反するもの、つまり、実証の裏づけを欠いた空論と見なす見解である。これは、素朴な科学主義の立場から立てられた見解で、近・現代の合理的思考に根ざしている。

だが、合理的であることを認識の正しさのしるしと見なす考えかたは、それ自体何ら合理的ではない。そうした考えかたは、合理性よりもむしろ神秘性にもとづくのではないか。すなわち、合理的なものこそが正しいと判断するとき、人は、合理性への無反省な帰依を前提としながら、その判断をくだしているように見うけられる。

かりに、合理的に証明されない事態を真理として妄信しているのが宗教的思考の実態だとしても、それは、そのことを指摘し批判する人々の思考が科学的であることを意味しているわけではない。そもそも、「自然科学が唯一の絶対的真理を語る」という命題は、科学的に構築されているのだろうか。

P・K・ファイヤアーベントが指摘しているように（『知とは何か』など）、一つの「伝統」（文化体系）が他のもろもろの「伝統」に対して優位を占めるという観念は、特定の「伝統」のなかから生み出された特殊な観念であって、それはすべての「伝統」によって受けいれられるような普遍性をもつものではない。わたしたち現代人は、一般に、自然科学（現代科学）は、数式というどの世界にも通用する普遍的なことばによって記された、普遍妥当的な学だと考えている。しかし、自然科学において用いられている数式は、西欧諸言語を抽象化することによって得られたもので、それにもとづいて思考することは、じつは西欧諸言語の文脈のなかで西欧的価値観にもとづいて考えることにほかならない。この点に留意するならば、自然科学も特定地域に由来する特定の「伝統」を具現するもので、それは、本来、もろもろの他の「伝統」と並立していると見るべきだろう。自然科学という「伝統」が他の「伝統」に対して優位を占めるという観念は、西欧社会の非西欧社会に対する優位性を妄信する思考から生み出されたものにすぎない。

要するに、仏教も、儒教も、ブードゥー教も、自然科学も、それぞれが固有の「伝統」をあらわすもので、それらのうちのいずれが価値のうえで優位に立つかを客観的に決定する基準などは、どこにも存在しない。有効性・効率性という視点から自然科学の優位を主張する立場は、それ自体が自然科学に固有のものだ。それは、けっして客観的ではない。「自然科学が唯一の絶対的真理を語る」という命題は、この点を誤認するところに生じた、かたよった見かたを表明するものにすぎない。したがって、自然科学のみが「世界」に関する正しい認識を展開するという前提に立って、宗教の非科学性が宗教の無意味さを露呈させると説く見解は、とうてい妥当なものとはいえないことになる。

自然科学は、提示された命題が現実に適合するか否かを経験（＝感覚）に照らし合わせながら検証してゆく方法にもとづいて成立している。自然科学だけが正しい認識を提示すると見る人は、当然、超越者（神や仏）という経験を超えた存在を想定しそこに絶対の権能をみとめようとする宗教を否認することになる。近代自然科学の出発点が、神が与えたもうた壮麗な秩序を人間的視点から説明づけてみたいという意欲のうちに存していること（たとえばニュートン）は否定できないけれども、人間的視点からの世界と人間の理解が想像を絶するほどの進展を見せた現代自然科学においては、もはや神を諸現象の原因として想定する必要性はなくなってしまったといってよい。クリスト教的な唯一神（全知全能の神）の存在に信憑を置かない民族が、現代自然科学の成果を吸収しながら、自然科学のさらなる発展に寄与している現実は、超越者の存在をみとめない立場が、自然科学の常識となりうること（あるいは、現にそうなっていること）をあらわに示している。

だが、経験的に（感覚に照らし合わせて）検証できないものには意味がないという自然科学の「前提」は、それ自体経験的に検証できるものではない。その「前提」は、科学的な実証にもとづいていない。それは、決定的な「託宣」として信仰されたものにほかならない。

幾何学の公理が、その妥当性をさらにさかのぼって証明することができないものであることからもうかがい知られるように、自然科学の根底には自然科学それ自体への絶対的な信仰が存する。だから、宗教の原点が非科学的であるのと同様に、自然科学もまた非科学的な信仰に根ざして成り立っていると考えられる。となれば、自然科学と宗教との対立は、真理をめぐる客観的な認識と非科学的な迷信との葛藤などではなく、じつは、信仰と信仰との争いであることになる。宗教が信仰に貫かれているのと同じく、自然科学もまた信仰を基盤として成立するもので、両者の葛藤は、マックス・ヴェーバーのいう「神々の闘争」（『職業としての学問』）に類するといっても過言ではない。

一つの信仰を根拠として、別の信仰を排除することは、中世の魔女狩りにも似た愚劣な行為というべきではないだろうか。自然科学の原拠が信仰のうちに存する事実を冷静に見極めるとき、人は、もはや宗教の非科学性を根拠にして宗教の存在意義を否認することはできないだろう。信仰は非科学的であるがゆえに真理を語らないとする、通俗的「信仰」論は、信仰ないしは宗教の本質と自然科学の前提についての的確な洞察を欠くもので、その根拠はきわめて脆弱だといわざるをえない。通俗的「信仰」論は、「信」の世界に身を投じる人々の思念を無意味なものとして否定する論理を、妥当なものとして提示することができない。だから、通俗的「信仰」論が、かりに、親鸞の「悪の思想」を自然科学と疎遠な地点に成り立つ不毛な思想としてしりぞけるとしても、それは、親鸞の思想が「信」の世界においてになう意義をいささかも減殺《げんさい》するものではない。

通俗的「信仰」論を奉じる人々は、宗教の非科学性・非合理性を指摘しかつ批判しながら、「わたしは信じない」と断言する。自己の科学性・合理性への絶対的信頼にもとづいて、超越者への不信を表明するこの断言は、じつは「信」の世界に身を投げいれる者にとって何の意味ももたない。「信」を通俗的「信仰」論の信仰理解から引き離すことによって、人ははじめて「信」の世界に全霊を投ずることができるからだ。通俗的「信仰」論に立つとき、人は、信じるという行為が、「我《われ》」の意思と主体性だけにもとづくと考えている。しかし、こうした考えかたは、「信」の世界に生きる人々にとっておよそ無意味なものだ。無意味であるかぎり、こうした考えかたにもとづいて宗教を否定しようとするすべての試みは、永遠に成功をみないだろう。このことは、親鸞の「信」がどのような構造を有するかという点をめぐる次章の考察をとおしてあきらかになる。

第三章　「信」の構造

単独者の自覚

晩年の親鸞が京都で著述に明け暮れる日々を過ごしていたころ、関東の門弟たちのあいだでは、信徒の獲得をめぐって争いが起こっていた。道場を構える人々が、弟子の確保に狂奔し、師弟関係を固定化しようと図ったのだ。『歎異抄』第六条は、このことを耳にして親鸞が洩らしたつぎのような述懐を伝えている。

専修念仏《せんじゅ》のともがらの、わが弟子、ひとの弟子といふ相論《さうろん》のさふらふらんこと、もつてのほかの子細《しさい》なり。親鸞は弟子一人《いちにん》も持たず候ふ。

そのゆゑは、わがはからひにて、ひとに念仏を申させさふらはばこそ、弟子にてもさふらはめ、弥陀《みだ》の御もよほしにあづかつて、念仏申しさふらふ人を、わが弟子と申すこと、きはめたる荒涼のことなり。

つくべき縁あればともなひ、離るべき縁あれば離るることのあるをも、師をそむきて、ひとにつれて念仏すれば、往生すべからざるものなりなんど言ふこと、不可説《ふかせつ》なり。如来《にょらい》より賜はりたる信心を、わがもの顔に取り返さんと申すにや。かへすがへすもあるべからざることなり。
自然《じねん》の理《ことわり》にあひかなはば、仏恩をも知り、また、師の恩をも知るべきなり。

大意はつぎのとおり。

「専修念仏の仲間たちのあいだで、『これは自分の弟子だ、あれは人の弟子だ』という争いがあるようだが、とんでもないことだ。この親鸞は、弟子などひとりももっていない。なぜかといえば、自分のはからいで人に念仏をとなえさせるのであれば、その人を自分の弟子だということもできようが、悪しき衆生を摂《おさ》め取ろうという弥陀の御誓願のはたらきにあずかって念仏をとなえている人を自分の弟子だというのは、荒《すさ》みきった態度といわざるをえないからである。連れ添うべき縁があれば連れ添い、離れるべき縁があれば離れてゆくのがあたりまえで、師に背いて他の人にしたがって念仏すれば往生できないなどというのは、あってはならないことだ。人々がそれぞれ如来から賜った信心を、いかにも自分が与えたかのように装って取り返そうとでもいうのだろうか。断じてあってはならないことだ。自然の理にしたがってゆけば、仏の恩も師の恩も知るようになるものだ」

親鸞は、弟子の獲得をめぐる争いには意味がないと断じている。そう断定するにあたって、彼は、「親鸞は弟子一人も持たず候ふ」と述べている。これは、すべての念仏者は厳密には弥陀の弟子というべきで、この世に生きる生身《なまみ》の人間の弟子などではないという認識を披瀝《ひれき》する言説である。この言説の背景にあるのは、念仏は弥陀の導きによってとなえさせられるものであって、人間が自分のはからいでとなえるものではないという考えかたである。

こうした考えかたのもとでは、弥陀の前ではすべての念仏者は平等だという思いが導かれる。さらに、解脱《げだつ》のために導師《どうし》を必要とするという見かたが否定され、念仏をとなえる者は、みな直接弥陀に「対向《たいこう》」している（むき合っている）という認識が強調される。

念仏者ひとりひとりがそれぞれに弥陀に対向するということは、彼らが各自「単独者」として弥陀の前に立つことを意味する。弥陀への信心は、すべての念仏者のあいだで共通の形態をとるというのが、法然以来浄土教の門徒に共有されてきた基本認識である。親鸞は、この基本認識に対して異をとなえているのではない。彼は、弥陀への信心はすべての念仏者において同じ形をとることをみとめながらも、信心が各自の内面に生じるその瞬間は、各自がたったひとりで独自に迎えるものだ、と主張している。「信」は、ひとり超越者とむき合う者、すなわち「単独者」の内面においてひそやかに成り立つ。親鸞はそう考えている。

親鸞とは別の系統に立ちながらも、法然以来の浄土教の流れを汲む鎌倉期の遊行僧一遍《いっぺん》は、つね日ごろ「生きながら死して静かに来迎を待つべし」と語っていたという(『播州法語集』)。生きて現生《げんしょう》(この世)に在るさなかに死に切り、死に切った状態のまま心静かに来迎を待つのが往生に至る最良の途《みち》だというのだ。一遍にとって、「死」とは、「万事にいろはず、一切を捨離して、孤独独一なる」状態をさしていた(同上)。彼のいう「生きながら死」するということは、外部のあらゆるできごとに関与せず、すべてを投げ捨てて、徹底した孤独のなかに身を浸すことを意味している。その場合、「孤独」とは、たったひとりで、「単独者」として仏とむき合うことにほかならない。その境地は、おそらく、親鸞とは疎遠な地点で、一遍独自の考えにもとづいて成り立っているのであろう。しかし、それが、浄土教における「信」の核心をなす境地として、法然以来の伝統のなかで受け継がれてきたものであることは疑えない。

法然以来の思想的伝統にもとづいて、「信」の在りかたに関して思索をめぐらすとき、親鸞は、のちの一遍と同様に、まずは自己を「単独者」としてとらえた。「単独者」が別の「単独者」を自己への随順者(弟子)と見なすとすれば、それは矛盾以外の何ものでもない。単独者とは、信心に関して「孤独独一」なる者のことで、他者とともに在る者ではないからだ。親鸞は、その矛盾を避けようとした。彼が、「親鸞は弟子一人も持たず候ふ」と語るのは、このためである。

だが、本書第一章でも引用したように、『歎異抄』第二条によれば、親鸞はつぎのようにも述べたという。

弥陀の本願まことにおはしまさば、釈尊の説教虚言なるべからず。仏説まことにおはしまさば、善導の御釈虚言し給ふべからず。善導の御釈まことならば、法然の仰せ虚言《そらごと》ならんや。法然の仰せまことならば、親鸞が申す旨、またもつてむなしかるべからず候ふか。

これは、弥陀に端を発し、釈尊から善導を経て、法然、親鸞へと至る法統を強調する言説にほかならない。この言説によれば、親鸞は、師弟関係のなかで法統が維持される現実を承認し、みずからもまたその現実のなかに積極的に身を委ねようとしたことになる。親鸞が、信心の原点を「単独者」の自覚に求めていたことは、叙上の考察によってあきらかである。その親鸞が師弟関係の存在を容認することは、一見矛盾のようにうつる。

だが、そこに矛盾があるように思うのは、親鸞が「理念」と「現実」とを冷静に区別している点を見過ごすからだ。

念仏の教えは、実際には師弟関係のなかで伝授される。伝授が行われないとすれば、生きとし生けるもの（一切衆生）の救済を追い求める浄土の教えが、一部のかぎられた人間の内面にしか定められないという奇妙な事態が起こってしまう。親鸞は、このことに気づいていた。だから、彼は、「現実」の問題として、師弟関係が不可欠であることをみとめていた。親鸞は、法然聖人にだまされて念仏して地獄に堕《お》ちる憂き目をみたとしても自分はまったく後悔などしない、とまでいいきる（本書第一章参照）。この発言は、親鸞が法然に対して絶対的随順の姿勢をとっていたことをものがたる。そして、このことは、法然と親鸞との関係がほとんど極点まで純化された師弟関係であったことを告げる。また、晩年の親鸞は、関東の念仏者たちが彼の手紙の回覧によって、自分たちの信心を確固たるものへと方向づけてゆくことを切に望んだ。彼は、自分と関東の信徒たちとのあいだに師弟関係が厳として存在することをみとめていた。

それにもかかわらず、親鸞が「親鸞は弟子一人も持たず候ふ」と語るのは、専修念仏《せんじゅねんぶつ》の信心の本質を「理念」的な視点から見つめたからである。すなわち、「現実」問題としては、師弟関係が存在することは否定できないけれども、「理念」としては、専修念仏の門には師弟関係などありえないことを強調する点に、親鸞の真意はあった。

その「理念」を前面に押し立てるとき、親鸞は、「信」を付与する主体は弥陀にほかならないこと（つまり、師匠が弟子に「信」を与えるわけではないこと）に言及しなければならなかった。

それゆえ、彼は語る。信心は、「如来より賜はりたる」ものである、と。『末燈鈔』第十三書簡に、「まことの信心のさだまることは、釈迦・弥陀の御はからひとみえて候ふ」とあることからもあきらかなように、親鸞は、一貫して、信心は如来（仏＝弥陀）の側から衆生に付与されるものだとする認識をくずさなかった。このような認識に立って自己の「信」を確定しようとするとき、人は、まず「我」があって、その「我」が主体的に信じる態度を定めるという一般的な考えかたを翻《ひるがえ》さなければならなくなる。

「廻向」観の転換

『大無量寿経』にはつぎのような一節が見える。

あらゆる衆生、その名号を聞きて、信心歓喜してないし一念、至心に廻向して、かの国に生まれんと願はば、すなはち往生することを得て、不退転に住せん。

（傍線は筆者による）

「すべての人が名号を聞いて、喜びとともに信心して一度でも仏を念じ、心の底から廻向してあの極楽浄土に生まれたいと願うならば、彼らは、ただちに往生することができて、まったくしりぞくことのない位《くらい》に安住することになろう」

この一節において、「廻向」は、仏教の在来の発想に即してとらえられている。すなわち、ここでいう「廻向」とは、自分が積んできた善徳を他者に振りむけて相ともどもに仏果《ぶっか》を得ようとすることをいう。それは、仏の境地（仏果＝覚り）に立ち至ることを究極の目的とするもので、善徳を積むことは、その目的を果たすための手段である。したがって、ここにいう「廻向」は、「我→仏」という方向性のもとに行われる行為と解することができる。

ところが、親鸞は、『大無量寿経』のこの一節に大胆な読みかえを施すことによって、こうした「廻向」観を根底からくつがえしてしまう。親鸞は、主著『教行信証』の「信巻」のなかで、この一節をつぎのように読んだ。

経にのたまはく、あらゆる衆生、その名号《みょうごう》を聞きて信心歓喜せんことないし一念せん。至心に廻向せしめたまへり。かの国に生まれんと願ずればすなはち往生を得。不退転に住せん。

（傍線は筆者による）

親鸞はこう解している。

「大無量寿経ではこうおっしゃっている。すべての人は名号（阿弥陀仏の名前）を聞いて、喜びとともに信心して一度でも仏を念じるであろう。仏がすべての人を心の底から廻向させておいでなのだ。仏が廻向させた人々があの極楽浄土に生まれたいと願うならば、彼らはただちに往生することができる。そして、しりぞくことのない位に安住することになろう」

親鸞は、「至心に廻向して」を「至心に廻向せしめたまへり」と読みかえる。この読みかえによって、衆生の側から仏にむかってさしむけられる行為として「廻向」をとらえる視点が捨てられ、逆に、仏が衆生にさしむける行為としてそれがとらえられることになる。ここに、在来の「廻向」観の転換がみとめられる。つまり、「仏→我」という方向性によって規定される親鸞独自の「廻向」観が確立される。

仏教の従来の「廻向」観によれば、信心することとは、人間が主体となって、「我」の側から、対象としての仏を信じることを意味していた。ところが、親鸞の「廻向」観によれば、信心は、仏の側から人間に施し与えられるものだということになる。こうして、「如来より賜はりたる信心」という観念が形成される。

親鸞以前の浄土教においては、信心の主体が人間の側の「我」に求められていた。しかし、源信の『往生要集』によって、あるいはそれを発展的に継承する法然の『選択本願念仏集《せんちゃくほんがんねんぶつしゅう》』をとおして、人間存在にまつわる罪業の自覚があらわになったとき、浄土教に帰依する人々は、汚濁にまみれた人間に弥陀を信じる能力があるのかどうかを疑問とせざるをえなくなった。親鸞による「廻向」観の転換は、この疑問に対して一つの応答をもたらすものだった。

親鸞は、「厭離穢土《おんりえど》」を願い浄土への往生を希求する浄土教の信仰が、人間の自発性のもとに確定されるものではないことをあきらかにし、かつ、その信仰の、与えられるものとしての受動性を強調する。「信」は、人間の意思によって主体的に確定されるものではない、それは、弥陀という超越者の「大慈大悲心《だいじだいひしん》」（大いなる慈悲の心、『歎異抄』第四条など参照）にもとづいて、弥陀から人間に付与されるものだ、と彼は考える。

このように考えた場合、信心の内実が念仏者相互のあいだで異なるという事態、すなわち、信心が異別性をもつという事態は起こりえないことになる。弥陀の本願は終始同一であり、そこから衆生にさしむけられる「信」は、誰にとっても同一の質を保つものだからだ。

親鸞は、「単独者」の自覚に立って「信」をとらえた。それは、しかし、彼が、自己の内面にわきあがる「信」を、自分独自の個別的なものと見なしたことを意味するわけではない。彼は、弥陀の導きのもとに、同一の「信」が、各自の内面に個別に生じると考えていた。

「信」の同一性

『歎異抄』後序（後記）によれば、法然が存命中のあるとき、親鸞と彼の同朋《どうぼう》たちとのあいだで相論《そうろん》（議論）が起こったことがあったという。親鸞が、自分の信心も法然聖人の信心も同一だと述べたのに対して、誓観房（源智）、念仏房（念阿）といった人々がこれを疑問として異論をとなえたのだ。親鸞たちは、相論の決着を法然の判断に委ねた。そのとき、法然は、つぎのように語ったという。

源空［法然］が信心も、如来よりたまはりたる信心なり。善信房［親鸞］の信心も、如来よりたまはらせ給ひたる信心なり。されば、ただひとつなり。別の信心にておはしまさん人は、源空が参らんずる浄土へはよも参らせ給ひ候はじ。

（［　］内は筆者による）

法然はいう。

「この法然の信心は、弥陀から直接頂戴したものだ。親鸞の信心も弥陀からお授けいただいておいでになる信心である。したがって、信心は同一である。別の信心をおもちの向きは、この法然がまいろうとしている浄土にはよもやいらっしゃることはありえまい」

『歎異抄』が伝えるこの逸話は、法然や親鸞の浄土教が、その根底に「同朋（同行）意識」を据えていたことを示している。「同朋（同行）意識」とは、弥陀の本願を信じる者のあいだには先達《せんだつ》、後進の別はなく、信じる者はみな「信じる」という精神的な営みに関して平等だとする意識である。親鸞は、師法然とともに、信心は、弥陀から人間にさしむけられるものと見ていた。その、一律に「さしむけられる」という一点において、信心は、個々別々に異なるものでもなければ差別的なものでもないというのが、「信」の問題をめぐる彼らの基本的認識だった。

『歎異抄』の後序が伝えるところによれば、叙上の相論の際、親鸞は、

聖人の御智慧《ちえ》・才覚ひろくおはしますに、ひとつならんと申さばこそひがごとならめ、往生の信心においては、全く、異なる事なし。ただひとつなり。

と述べたという。「法然聖人は広大な智慧や学識をもっていらっしゃる。そうした智慧や学識に関して『同一』だと申すならば、それこそとんでもない誤りであろうが、往生の信心に関しては、法然聖人とわたしとのあいだには何ら異なるものはない。同一である」という意。

これによれば、親鸞は、智慧や学識（才覚）の点で、人々のあいだに広狭、深浅の差があることを率直にみとめている。その点に関しては、たしかに教え導く者と教えられ導かれる者との別が生じてくるだろう。だが、信心そのものに関しては、専修念仏に帰依する念仏者全員が同等であり、「同朋」あるいは「同行」という語以外のどのようなことばによっても念仏者相互の関係をいいあらわすことはできない、と親鸞は考えていた。

親鸞において、「信」は徹底して受動的なものととらえられる。それは、「我」の側のはからいをとおして、主体的かつ能動的に得られるようなものではない。「信」は、あくまでも弥陀の本願力によって弥陀の側から人間に与えられるもので、人間の立場から見た場合、「信」はただ受動性のみによって貫かれている。しかも、その受動性は、「信」を与えられる者が直接弥陀の本願に結びついていること、いいかえれば、与える弥陀と与えられる衆生とのあいだには媒介者が不要であることを示している。

心の底を刺し貫くような信心、すなわち、至心《ししん》の「信」をもって往生を願う者の、その「信」が、弥陀のはたらきかけによって生じるものだということになれば、各人の内面に「信」

がわき起こるということは、すでに各人が弥陀の本願のうちに摂め取られていることを意味する。しかも、「信」が生じたということは、一度の念仏によって確認できる。となれば、かりに生涯一度きりの念仏であっても、それが、弥陀の本願にすがりつきたいという、心の底からの切なる願いのもとに発せられたものであるかぎり、それがとなえられたということは、そのままただちに、念仏する者が弥陀の懐《ふところ》に摂取されたことを意味する。

そうすると、親鸞の浄土教においてもっとも重要なものは、「信」であり、念仏という「行」ではないということになる。彼によれば、弥陀から与えられる「信」が念仏という「行」を導くのであって、その逆ではないと解せられるからだ。ここに、「信」こそすべての根本だという認識、すなわち、後に本願寺第八世法主蓮如によって確立される「信心為本《しんじんいほん》」という考えが示されているように思われる。

法然は、他者に対して戒律を守り抜くことを求めようとはしなかった。それどころか、彼は、煩悩にまみれた凡夫は、無戒のまま弥陀の本願力に摂取されると説いた。だが、その一方で、法然は、戒律を逸脱した在りかたを自分自身に対してみとめようとしなかった。彼は、日に万遍を超える念仏の「行」を自身に課し、それをいつ果てるともなく実践しつづけようとした。彼は、しかし、「南無阿弥陀仏」ととなえる「行」の万遍を超える実践を他人に対して要請したわけではない。

すでに、法然在世のころから、浄土門においては、念仏は、生涯一度でよいか、それともできるかぎり数多くとなえなければならないか（「一念《いちねん》」か「多念《たねん》」か）、という問題が、是非とも答えられなければならない問いとして立てられていた。

その問いに対する法然の応答は、およそつぎのようなものだった。すなわち、法然は、その人が無数の念仏をとなえることのできる心理的・社会的な条件に恵まれているならば「多念」が望ましいが、そうした条件に恵まれていない場合には「一念」でもかまわない、という。彼は、「多念」の「行」をあくまでも自分ひとりに課したのであって、それを他者に対して要求しようとはしなかった。しかし、「南無阿弥陀仏」ととなえつづける「行」のうちに、弥陀による救済の契機を求める発想が、法然にあったことは疑えない。

信心為本

『歎異抄』のなかで、親鸞の教説についてその要点をもっとも鮮明に伝えるものは、開巻冒頭の第一条である。そこでは、弥陀の誓願（本願）に対する「信」の内実が、簡潔かつ明瞭に示される。以下は、その全文である。

「弥陀《みだ》の誓願不思議《せいぐわんふしぎ》にたすけられ参らせて、往生《わうじやう》をば遂《と》ぐるなりと信じて念仏申さんと思ひたつこころのおこる時、すなはち、摂取不捨《せつしゆふしや》の利益《りやく》にあづけしめ給ふなり。弥陀の本願には、老少《らうせう》・善悪《ぜんまく》の人をえらばれず。ただ、信心を要《えう》とすと知るべし。そのゆゑは、罪悪深重《ざいあくじんぢゆう》・煩悩熾盛《ぼんなうしじやう》の衆生《しゆじやう》をたすけんがための願にまします。

しかれば、本願を信ぜんには、他の善も要にあらず。念仏にまさるべき善なきゆゑに。悪をもおそるべからず。弥陀の本願をさまたぐるほどの悪なきゆゑに」と云々。

大意はつぎのとおり。

「人知を絶する不可思議な弥陀の誓願にお助けいただいて往生を遂げることができると信じて、念仏をとなえようと思い立つ心が起こるとき、そのときすでに、弥陀はそうした心を起こす人を、摂め取って捨てないという利益にあずからせていらっしゃる。弥陀は、その本願において、老人・若者、善人・悪人といった区別をなさらない。ただ、信心こそが要《かなめ》であると知るべきである。というのも、その本願とは、深重なる罪悪にまみれ煩悩の燃えさかるわたしたち凡夫を救うための願でおわしますからだ。だから、本願を信じるからには、念仏以外のどのような善も不要である。念仏にまさるほどの善などないのだから。

また、悪をおそれる必要もない。弥陀の本願をさまたげるほどの悪などないのだから」

これによれば、罪悪にまみれ煩悩に燃えたぎったわたしたち凡夫が、ひたすら弥陀の本願を信じてそれにすがれば、弥陀はわたしたちを摂め取って浄土へと導いてくださる、という考えかたが、親鸞の浄土思想の根幹をなすことが知られる。そうした考えかたを提示するにあたって、親鸞は、「ただ、信心を要とすと知るべし」と述べている。この発言は、「南無阿弥陀仏」ととなえる念仏の「行」の根底に弥陀への絶対的な「信」が存すること、そして、その「信」こそが他の何ものにまして肝要であることを強調するものにほかならない。ここにおいて、親鸞は、あきらかに、「信心為本」の立場に立っている。

さらに、親鸞は、『教行信証』の「信巻」において、

真実の信心は必ず名号を具《ぐ》す、名号は必ずしも願力の信心を具せざるなり。

と断じている。真の信心は、かならず「南無阿弥陀仏」という名号を伴うけれども、名号はかならずしも弥陀の願力への信心を伴うとはかぎらない、というのだ。

親鸞にとって、ある人が「信」の主体になるということは、その人が弥陀に導かれているこ

とを意味する。したがって、「信」があれば必然的に「南無阿弥陀仏」ととなえたいという気持ちが起こり、そこに「行」が生じることになる。だが、仮に「行」が先行するとしても、それはおざなりのもの、口先だけのものである可能性もある。そうした、心の真実を離れた「行」は「信」を導くとはかぎらない。親鸞は、そう考えている。ここに、「信心為本」の立場が明確に打ち出されていることは否定しがたい。

ところが、『末燈鈔』所収の、有阿弥陀仏宛ての書簡（第十二書簡）のなかで、親鸞は、こうした「信心為本」の立場を微妙に変質させているように見える。その書簡には、つぎのような一節があらわれる。

尋ね仰せられ候ふ念仏の不審のこと、念仏往生と信ずる人は、辺地の往生とてきらはれ候ふらんこと、おほかたこころえがたく候ふ。そのゆゑは、弥陀の本願と申すは、名号をとなへん者をば、極楽へ迎へんと誓はせ給ひたるを、ふかく信じてとなふるがめでたきことにて候ふなり。信心ありとも、名号をとなへざらんは詮《せん》なく候ふ。また一向名号をとなふとも、信心あさくば往生しがたく候ふ。されば念仏往生とふかく信じて、しかも名号をとなへんずるは、うたがひなき報土の往生にてあるべく候ふなり。

「お尋ねの念仏に関する不審についてお答えしましょう。念仏によって往生できると信じる人を、そういう人は浄土のかたすみにある辺地に往生するのだといって嫌っておられるようですが、まったく理解することができません。なぜなら、弥陀の本願とは、名号をとなえる者を、極楽浄土へ迎えとろうというお誓いであって、それを心の底から深く信じて名号をとなえるのがすばらしいことだからです。信心があっても、名号をとなえないとすれば、それは甲斐もないことです。また、逆に、ひたすら名号をとなえても、信心が浅いとすれば、往生することはかないません。ですから、念仏によって往生すると深く信じて、しかもそのうえに名号をとなえれば、疑いもなく真実報土（弥陀のいらっしゃる浄土）に往生できるのです」

上述のように、親鸞は、『教行信証』において、信心はかならず名号を伴うけれども、名号が信心を伴うとはかぎらないと述べていた。彼は、こうした考えを、関東の門徒たちの面前であらわにしたことがあったのだろう。それを耳にした関東の門徒たちのなかには、弥陀の本願を信じることこそが肝要で、「南無阿弥陀仏」ととなえる「行」は本質的なものではないと考える者が多数あらわれたと推察される。右の書簡の受け手有阿弥陀仏という門徒も、そうした考えかたをとっていたらしい。親鸞は、しかし、念仏を本質的なものではないとする考えは、自分の認識とは一致しないと述べている。

名号をとなえもせずにただ信心をもっていても、それは詮ないことだ、と親鸞はいう。彼によれば、弥陀の本願を信じる「信」と、「南無阿弥陀仏」ととなえる「行」とが一体化するとき、はじめて念仏の信仰（浄土教）は十全なものとなる。いずれか一方が欠けているということは、念仏の信仰がかたよった在りかたを露呈することを意味する、と親鸞はみていた。

ここに提示される、「信行一体」をよしとする立場は、『教行信証』や『歎異抄』に示された「信心為本」の立場とは微妙に質を異にする。念仏の「行」もまた、「信」と同じ次元で重視されるべきだという『末燈鈔』の主張は、親鸞が、「ただ信のみが重要だ」という観点から「信心為本」の立場を貫いたのではないことを示している。念仏の「行」を重んじる法然の姿勢を、親鸞は批判的にとらえていたのではなかった。親鸞は、思索の根本において、法然の教えにしたがっていると見るべきだろう。

しかし、親鸞は、生涯一度の念仏によって往生が決定《けつじょう》するという認識を翻したわけではなかった。たった一度の念仏が、弥陀から衆生に与えられる「信」に付随するという考えかたにも変更は見られない。右に引用した『末燈鈔』第十二書簡の発言に追い継いで、親鸞は、

詮ずるところ、名号をとなふといふとも、他力本願を信ぜざらんは辺地に生まるべし。

と述べている。「つまるところ、名号をとなえるとしても、他力本願を信じない者は真実の浄土のかたすみにある仮の浄土に生まれる」という意。「信」と「行」とは一体でなければならない。どちらか一方が他に対して優位を占めるとは単純にはいいきれないけれども、しいていずれかに比重を置くとすれば、往生決定のもっとも本質的な原因である他力本願への「信」を優先すべきだというのが、親鸞の本意ではなかったかと思われる。

しかも、親鸞は、「信」と「行」との位置づけをめぐる自己の思索が法然の教説に背くとは見ていない。彼は、むしろ、自分が師法然の教説を忠実に継承していると信じていた。それは、彼が、生涯一度の念仏を重視しながらも、いくたびとなく念仏をとなえつづける態度をけっして否定しようとはしないことから、うかがい知ることができる。

念仏をとなえられない者へのまなざし

浄土教の基本経典の一つ『観無量寿経《かんむりょうじゅきょう》』の「下品下生《げぼんげしょう》」条には、「仏名を称するが故に、念々のなかにおいて、八十億劫《こう》の生死《しょうじ》の罪を除く」(仏の名をとなえることによって、その一念一念のなかで、生死の世界のなかでの無数の罪を除くことができる)という一節が見える。

この経文にもとづいて、念仏によって罪を滅殺《げんさい》しうるという思想が生まれた。『歎異抄』第十四条によれば、親鸞は、こうした、念仏を滅罪の呪文のようなものととらえる思想を否定したという。

『歎異抄』同条は、「念仏滅罪」の思想が他力信心の立場から遠く隔たるものであると主張し、その理由としてつぎのような認識を示している。

> そのゆゑは、弥陀の光明に照らされ参らするゆゑに、一念発起する時、金剛の信心をたまはりぬれば、すでに、定聚《ぢやうじゆ》の位にをさめしめ給ひき、命終すれば、もろもろの煩悩・悪障を転じて、無生忍《むしやうにん》をさとらしめ給ふなり。この悲願ましまさずは、かかる、あさましき罪人、いかでか、生死を解脱すべきと思ひて、一生の間申すところの念仏は、みな、ことごとく、如来大悲の恩を報じ、徳を謝すと思ふべきなり。

唯円はいう。

「その理由はこうだ。弥陀の光明にお照らしいただいているからこそ、ひとたび念仏を申そうという気持ちが起こるとき、確固とした信心を頂戴するのだから、そのとき、すでに、弥陀は、まさしく仏になることが定まった位《くらい》に落ち着かせてくださっているのだ。命が終われば、弥陀は、さまざまな煩悩・罪悪を変転させて、真理を見定める安らぎの境地を覚らせてくださる。この慈悲にもとづく本願があらせられないならば、このような、あさましい罪人が、どうして、迷い多き生死流転の世界を抜け出すことができようか。そのことをよくよく考えて、一生のあいだとなえ続ける念仏は、そのことごとくが弥陀の大悲の恩に報い、弥陀の広大無辺な功徳に感謝する道と思うべきである」

唯円によれば、念仏をとなえようという思いがわくとき、すでにわたしたちは弥陀の光明に照らされて、確かな信心を与えられている。その信心のゆえに、わたしたちは成仏することが定まった位（定聚《じょうじゅ》の位）につくのであって、信心が確定されないところで行われる念仏は、わたしたちをそうした位へと導きはしない。煩悩と罪悪とにまみれたわたしたちを摂め取ろうという弥陀の願力によって、わたしたちは、死後に、煩悩や罪悪とは無縁の境地に達する。このことを忘れて、念仏を自分の力で煩悩や罪悪を滅する具と考えるのは、あきらかに自力の立場というもので、それは他力本願の思想とは無縁である。

唯円は、わたしたちが、生涯に一度、心の底にもたらされた「信」にもとづいて、切実に念仏をとなえるとき、すなわち、「一念発起《いちねんほっき》」するとき、すでに弥陀の願力のもとに往生は決定しているという認識に立つ。この認識によれば、「一念発起」の瞬間に、弥陀の願力によって煩悩や罪悪が断たれることになるから、その後も念仏によって滅罪を図らなければならない必要性はないと考えられる。

ならば、「一念発起」の後には念仏は不要なのか、という問題が生じてくるが、唯円は、それはけっして不要ではない、と主張する。彼がいうには、「一念発起」の後にも、わたしたちはひきつづき念仏をとなえてゆかなければならない。「一念発起」の後にとなえる念仏は、自分に「金剛の信心」を与えてくださり、「定聚の位」に摂取してくださった弥陀への報謝《ほうしゃ》の念仏と考えられるからだ。

『歎異抄』の唯円が親鸞の教えをできるだけ忠実に祖述しようとしている点に留意するならば、一念によって往生が決定した後もさらに念仏をとなえつづけるべきだというのが、念仏の「行」をめぐる親鸞の基本的認識だったと推察される。この点に関しては、徹底した親鸞関係の文献研究によって自説を確立した蓮如が、『御文（御文章）』のなかで、くりかえし御恩報謝の念仏の重要性を強調していることが参考になるだろう。弥陀によって与えられた「信」にもとづく生涯一度の念仏が往生を決定させる。しかし、だからといって、生涯たった一度だけ念仏をとなえればそれでいいというものではない。往生を決定させてくれた弥陀に感謝して、生涯いくたびも念仏をとなえつづけることは、否定されるべきではないどころか、むしろ望ましい行為である。親鸞は、そう考えていたように見うけられる。

だが、信心と念仏、すなわち「行」と「信」とをめぐる親鸞の認識が以上のようなものだったとすれば、そこに、どうしても避けることのできない難問が生じてしまう。人間が言語能力をそなえた者と規定されるかぎり、「信行一体」の思想は妥当なものでありつづけるけれども、言語能力の不自由な者もまた人間と規定されうるという視点に立った場合、「信行一体」の思想の妥当性は大きくゆらぐことになりはしないか、という問題である。いいかえれば、それは、何らかの自己意識をもちながらも、話すことができず、したがって、口称《くしょう》の念仏の主体とはなりえない人々の往生をどう考えればよいのかという問いにほかならない。

この問題は、善導によって正面から見据えられていたけれども、親鸞以後の浄土教の歴史のなかでは、ともすれば見失われがちであった。万人が平等に往生できる可能性を探りながらも、言語能力を行使できない人々の往生についてかならずしも明瞭な関心を示さなかったことは、親鸞以後の浄土教の一つの欠陥だといっても誤りではないだろう。しかし、上原英正氏の『福祉思想と宗教思想』が示唆しているように、親鸞は、善導と同様に、念仏を口にすることのできない者を視野にいれていた。親鸞は、「信行一体」の思想を強調しながらも、もし究極の場面で「信」と「行」とのいずれを優先すべきかが問われるとすれば、「信」に比重を置くべきだという立場に立っていた。この立場は、弥陀によって「信」を与えられていながら独力で

「南無阿弥陀仏」ととなえることのできない者にも往生の可能性をみとめることへとつながる。

親鸞は、けっして名号を軽視しているわけではない。むしろ、彼は、生涯にわたって念仏をとなえ続けることの意義を重く見ている。親鸞は、しかし、名号を口にすることができなければ、弥陀による救済から洩れてしまうと説いたのではなかった。たとえ、「南無阿弥陀仏」という祈りのことばを音声を介して表出することができないとしても、内面に、弥陀から付与されたものとして、「信」が確定されているならば、往生は決定していると見るべきだ、と親鸞は考えていたように見うけられる。彼の「信心為本」の立場は、念仏をとなえることができない人々をも視野におさめ、彼らが往生しうる可能性を積極的に探ってゆくものであった。

神から与えられる信仰

「信」は、意識ある者（人間）によって独力で主体的に獲得されるものではなく、神や仏の導きのもとに意識ある者の内面にもたらされるものだという考えかたをとる宗教者や思想家は、親鸞だけではない。それは、自己の「在ること」（存在）そのものへのまなざしをもって、実存的に宗教にかかわる人々が、しばしば内面に思い定める認識である。たとえば、五世紀前半（西欧古代末期）に、クリスト教の教義を哲学的に意味づけかつ系統化することを試みたアウグスティヌスも、同様の認識をあらわにしている。
アウグスティヌスは、クリスト教への回心の後に、『告白』(*Confessiones*)という書を著わしている。それは、みずからの前半生を振り返り、自己のみじめさを神にむかって懺悔しつつ、そうしたみじめな自分をも救いの対象とする神の偉大さを讃《たた》えることに主眼を置く書であった。その『告白』の冒頭部で、アウグスティヌスは、こう語っている。

主よ。あなたは偉大であり、まことに讃えられるべきでいらっしゃる。あなたの力は偉大で、あなたの知恵ははかりしれない。あなたの被造物の一つの部分である人間は、あなたを讃えようと希《のぞ》む。人間は、可死性を身に帯び、みずからの罪のしるしと、あなたが傲慢なものどもをしりぞけたまうことのしるしとをになっている。しかし、あなたの被造物の一つの部分である人間は、あなたを讃えようと希む。あなたは、わたしたちを喜んであなたを讃えるように駆り立てたまう。それは、あなたが、わたしたちをあなたにむけてお造りになったからだ。わたしたちの心は、あなたのうちにやすらうまでは、けっして落ち着くことがない。(I.1.1)

アウグスティヌスたちクリスト教徒にとって、神とは、万物の創造者であると同時に全知全能の存在でもある。その神は、ことば（その背後には理性 ratio が存する）を駆使することのできる被造物たる人間によって讃えられなければならない。すべての被造物のなかで、「造られた」という自覚をもちながら、神による創造の跡に完璧な美を見いだし、それを讃美することができるのは、唯一人間のみだからだ。その「讃える」という行為が、人間の自発性に発することは、おそらく誰も否定することができないだろう。人間は、「自由意思」（liberum arbitrium）を与えられて創造されたのであり、しかも、その自由意思は、一方では悪への選択可能性を内に含みつつも、他方では、みずからすすんで神の意思に服従し、神の全知全能を讃える方向へとむかうからである。

しかし、アウグスティヌスは、神を讃えることの自発性が、人間がたまたま行った選択にもとづくとは考えない。彼によれば、その「讃える」という行為の奥底には、人間に自由意思を与えたもうた神の意思が存している。たしかに、人間は、神を讃えることをみずから欲することができる。だが、そうした主体的な意欲は、根底において、人知を絶するはかりしれない「知恵」（sapientia）の支配を受けている、とアウグスティヌスは考える。だから、彼はいう、「あなたは、わたしたちを喜んであなたを讃えるように駆り立てたまう」と。

右に引用した発言のなかに、「あなたが、わたしたちをあなたにむけてお造りになった」とあることからもあきらかなように、アウグスティヌスは、人間を、神による創造のはじまりの時点から、すでに神にむかって存在している存在者ととらえている。アウグスティヌスによれば、人間は、神に「対向」している（むき合っている）存在者にほかならない。だから、アウグスティヌスの見かたでは、つねに神を求めながら生きることが人間のもっとも本来的な生きざまということになる。

ただし、その本来的な生きざまは、「我→神」という方向性のもとでのみ成り立つものではない。それは、「我」の側から神へとむかってゆくことよりも、むしろ、まず、神が「我」にはたらきかけることによって成り立つと見られている。アウグスティヌスは、「神→我」という方向性を前提として、「我」と神との緊密な関係（「対向」性）が実現されると考えていた。

右に掲げた『告白』の発言に続く部分で、アウグスティヌスは、神にむかって神を「讃えること」（laudare）と神を「呼び求めること」（invocare）とのいずれが先立つかを問う（I. 1. 1）。この問いは、「呼び求めること」それ自体の意義を鮮明にしようと企てる詳細な思弁のなかで、応答を模索されている。したがって、それは、一見重大な意義をになう問いのように見える。

しかし、じつは、それは、アウグスティヌスにとって、本質的な意味をもつ問いではなかった。讃えた後に呼び求めるべきか、それとも呼び求めた後に讃えるべきかは、日常的・世俗的な論理のなかでの思考の序列についての問いであるが、みずからが切実な信仰の主体となるとき、人は、そうした序列を立てること自体を無意味と見るはずだからだ。アウグスティヌスによれば、人は、神を呼び求める、そのさなかに神を讃え、また、神を讃える、そのさなかに神を呼び求める。すなわち、アウグスティヌスにおいて、神を「讃えること」と「呼び求めること」とは、信仰上同時に起こる相互に重なり合う事態であった。

したがって、神こそが神を讃えるべくわたしたちを駆り立てていると語るとき、アウグスティヌスは、その「讃える」という行為が実践されるまさにその瞬間に、わたしたちは神を呼び求めるべく、神によっていざなわれる、と見ていることになる。わたしたちが神を呼び求めるということは、神への信仰がわたしたちの内面において固められていることと同義である。となれば、アウグスティヌスは、神への信仰は、神の導きのもとに人間に付与されているという認識に立っていたことになろう。

事実、アウグスティヌスは、『告白』においてこう語っている。

主よ、わたしの信仰はあなたを呼び求める。その信仰は、あなたがわたしにお与えくださったものであり、あなたの御子の人性《じんせい》(humanitas) を通じて、あるいは、あなたの宣教師の奉仕を介して、あなたがわたしに注ぎこまれたものだ。(I.1.1)

アウグスティヌスによれば、神は「信仰」(fides)の主体としての「我」の内奥《ないおう》(内面の奥深いところ)に存在し、「我」を信仰へと導く(『告白』Ⅰ.2.2)。アウグスティヌスは、『告白』第十巻において、「記憶」のうちに神がいます場を追い求め、結局そこでの神の定位を確認することができずに、「記憶」をその根底から支えて立つ、いわば「無」の場所(「無底」の根拠)のうちに神がいます可能性を掻き探ろうとした。そのアウグスティヌスが、「我」の内奥における神の存在についての確信を表明するとき、その確信のうちに、神がすべての事物のうちに実体として遍《あまね》く実在するという汎神論《はんしんろん》の考えかたがこめられていると見ることはできない。「我」の内奥における神の存在についてのアウグスティヌスの確信は、いわば、日常の時空を超えた「超越する内在」とも呼ぶべき神が、「個」として在る魂に対して直接のはたらきかけを行うことについての確信である。要するに、自分自身の意味と自分が「在ること」の意味とを切実に問う一個の「実存」としての「我」が、内面において神と対面し、神の導きのもとに神を呼び求め讃美することへといざなわれるというのが、「信」の問題をめぐるアウグスティヌスの基本的な考えかたであった。

このように、親鸞と同様に、アウグスティヌスにおいても、「信」は、人間の側が自己の能力を駆使して主体的に獲得するものではなく、人知を超えた超越者(親鸞の場合は「弥陀」、アウグスティヌスの場合は「神」)のはたらきかけによって人間がそこへと導かれてゆくものととらえられていた。このことは、人間の「実存」とは何かを積極的に問う宗教的思惟が、「能動的・主体的な信」という観念をみとめないことを示している。切実に「実存」にかかわりながら思惟する場合、人は、「信」を、あくまでも受動的なものととらえざるをえないのだ、といえよう。

このような、「信」を受動的にとらえる思惟は、その背後に、人間的能力には限界があるという認識を潜ませている。すなわち、「実存」の問題に主体的にかかわる宗教的思惟は、人間的能力が限界づけられているがゆえに、その能力にもとづいて超越者への「信」を確定することは不可能だ、と考える。

人間的能力の限界

アウグスティヌスたちクリスト者の心の底には、「原罪《げんざい》」(peccatum originale) という観念が刻みつけられている。原罪とは、人類の祖アダムが神の命に背いた罪で、クリスト者は、それが子々孫々に至るまで人類によってになわれると考える。こうした考えかたに立つとき、人間は生まれながらにして悪性をになうものということになる。悪性をになう者は根本において無力である。彼は、人間が生きるために不可欠な、善を行う能力を欠いているのだから。無力な者が、独力で神への信仰の途《みち》を切りひらくことなどできようはずもない。アウグスティヌスは、おそらくそう考えたのだろう。そう考えるからこそ、彼は、信仰を、神からの導きによって得られるもの、神が人間に付与するものと見た。

先にも引用したように、『歎異抄』第一条によれば、親鸞は、弥陀の本願と信心決定との関係をめぐって、つぎのように述べたという。

弥陀の本願には、老少・善悪の人をえらばれず。ただ、信心を要とすと知るべし。そのゆゑは、罪悪深重・煩悩熾盛の衆生をたすけんがための願にまします。

親鸞は、門徒に送った書簡のなかで、「凡夫はもとより煩悩具足したるゆゑに、わるきものとおもふべし」(『末燈鈔』第二書簡) といっている。わたしたち人間は、煩悩を備えた存在者であり、その本性は悪だ、と親鸞は述べる。人間存在が煩悩という悪を必然的に伴って在ることを、『歎異抄』第一条は、「罪悪深重・煩悩熾盛」ということばでいいあらわしている。「罪悪深重・煩悩熾盛」なる人間、すなわち、精神の奥底まで悪に染まり、燃えさかる煩悩に身を焼かれるわたしたち凡夫は、「自力の御はからひにては真実の報土へ生ずべからざる」(『末燈鈔』第二書簡) 存在者である。悪にまみれた人間は、その悪性のゆえに純然たる善行のにない手となることができない。だから、人間は、自分がそうした悪性の虜《とりこ》であることを深く自覚しながら、自分の力で善を積もうという気持ちを捨てて、一切を弥陀の本願に委《ゆだ》ね、弥陀の本願力による浄土への往生をひたぶるに祈りつづけるべきだ、と親鸞はいう。

親鸞のこうした考えかたが、信心は人が主体的にもつものではなく、むしろ弥陀の導きによって各人の内面に呼び起こされるものだという認識に呼応するものであることは、もはや強調するまでもないだろう。しかも、弥陀の導き、すなわち、「罪悪深重・煩悩熾盛の衆生をたすけんがための願」に根ざした衆生へのはたらきかけは、自己の悪性を自覚する者の、その自覚から生じる深い悲しみを悲憐《ひれん》する弥陀の慈悲の心に端を発している（本書第四章参照）。

親鸞は、人間が根源的に悪たらざるをえない点に人間的能力の限界をみとめ、その限界を痛み悲しむ心に対して超越者（弥陀）の側から「信」がもたらされると見ている。彼が、「弥陀の本願には、老少・善悪の人をえらばれず。ただ、信心を要とすと知るべし」と語る際の、「信心」とは、そうした、根本悪（存在の根源にまつわる悪）によって限界づけられて在る魂が弥陀の本願に導かれて成る、受動的な「信」にほかならなかった。

こうして、人間の「実存」の問題を積極的に問う宗教的思惟が「信」の構造をあらわにしようとするとき、人間存在の根本的悪性についての洞察から、人間の無力さの自覚へ、そして、それをとおして、超越者から与えられるものとして信心・信仰を規定する思考へ、という思念の軌跡が描かれることがあきらかになった。人間は、自己の能力に限界があるという自覚、いいかえれば、自己の無力さについての自覚をもつからこそ、限界づけられない有力な存在としての超越者を求めその権能にすがって自己が救済されることを乞い願う。自己の能力への過信は、超越者の存在を不要とし、「信」のただなかへ自己を投げいれようという企てを無意味なものとしてしりぞける態度を生む。自己の無力さの自覚が確定される場面においてこそ、受動的な「信」への志向性が生みだされる、というべきだろう。

自己の能力に信頼を寄せる人々は、受動的な方向性をもった「信」を、「わたしは信じない」と断言することによって根底から否定できると考えるのが通例である。この断言の背後には、科学的に根拠づけられるもののみが意味をもつという確信がある。その確信のもと、人々は、「信じないわたし」を科学的に根拠づけられて在るものと見なし、他の人が「信」の世界に在ることの意味を無根拠なものとして否定しようとする。「わたしは信じない」という断言は、「科学的なわたし」が非科学的な「信」を迷妄《めいもう》としてしりぞけるのだという思いによって貫かれている。その「思い」が、現実世界のなかで一定の地歩を得ている事実は、超越者によって信ぜしめられることをとおして「信」が成り立つという観念が無意味であることをあらわにするように見える。

だが、前章でも述べたように、自然科学もまた「信」によって支えられた特殊な「伝統」の一つである。自然科学を普遍化することが可能であり、またそうすべきだという見かたは、じつは、諸々の多様な「伝統」を相対化する視点を欠いたかたよった見解でしかない。「わたしが科学的である」ということは、「わたしが正しい」ということとは本質的に無関係である。それは、単に、「わたしが、西欧的思考の文脈に依存しながら、考えかつ語っていること」を意味しているだけだ。

また、「わたしは信じない」という断言は、「信」の世界に身を置くことの無意味さを端的に示す言明とはならない。それは、たしかに、信じない「個」(個人)が現に在ることを明示する言明ではある。しかし、信じない「個」が在るということは、「信」のなかに自己を投げいれている宗教者にとって本質的な困難を示す事がらではない。自分たちが敬慕する超越者を信じない者を徹底的に排斥しようとする「狂信」を除いて、一般に宗教は、「わたしは信じない」という断言をあえて非難しようとはしないだろう。むしろ、宗教は、そのように断言する者に対して憐れみを投げかけるのではないだろうか。

受動性あるいは「他力」

親鸞が、法然以来の浄土教の思想的伝統を受け継ぎつつ、できるかぎり自力を排除し他力の重要性を強調するのは、「信」が受動的な形でしか成り立たないという認識をもっていたからだった。人間存在の宿命的悪性とそれゆえの無力とを考慮するかぎり、人間がみずから主体的に、つまり自力で「信」を獲得するという事態が起こりうるとは夢想だにできない。人間の悪ゆえの無力さが、「信」に関してだけ例外的に問われないことなどありえようはずもない。「信」が得られる過程に関してもまた、人間は徹底的に無力であり、「信」はひとえに超越者たる弥陀のはからいによって成る、と親鸞は考えていた。

他力とは、一切のはからいを捨てることにほかならない。しかし、捨てることそれ自体が捨てる主体の意思に根ざすとすれば、そこには自力の要素が残ってしまうことになる。鎌倉期の遊行僧一遍は、このことを明確に自覚していた。だから、彼は、あれも捨て、これも捨て、果ては捨てる行為の基体としての「我」をも捨て去ろうとする。親鸞は、一遍のこの境地を、よりいっそう尖鋭的な形で、すでにみずからのものとしていたように見うけられる。絶対他力の境地に自己を置く親鸞は、弥陀の導きによって、捨てようというはからいさえもが消え果てることを希《のぞ》んだのではなかったか。

こうして、親鸞の自己(「我」)は、すべての事物に関して無力であることになる。その徹底した無力さのなかに定められる絶対他力の境地は、「信」がただ受動性のみによって刺し貫かれ、そこに微塵の能動性(主体性)も含まれないことをあらわにした。

絶対他力の境地に立つ親鸞にとって、念仏は、もはや、「我」と弥陀とをつなぐ媒介などではありえなかった。念仏は、弥陀から「我」に「信」が与えられることによって、「我」がとなえさせられるものだ。それは、媒介ではなく、弥陀そのものが「我」のうちに立ちあらわれることにほかならない。親鸞は、弥陀の呼びかけのなかで、弥陀に導かれながら、弥陀への祈りのことば（弥陀からの呼びかけへの全霊を賭《と》した呼応）としての「南無阿弥陀仏」がおのずから口をついて出るのを感じた。その感覚は徹頭徹尾、受動性に貫かれたものだった。

このような、受動性に根ざした宗教的態度を前にして、「わたしは信じない」と断言し、信じることの無意味さをあらわにしようと企てるとき、人は、信仰ないしは宗教についての無知をさらけだしてしまう。「わたしは信じない」と断言する人は、まず第一に、主体としての「我」が確立され、つぎに、その「我」が信じることを能動的に拒否している、と考えているが、こうした考えかたを支える自己への確信は、信仰ないしは宗教とまったく無縁の地点に打ちたてられるものだからだ。

「わたしは信じない」という言明に接するとき、信仰者ないしは宗教者がもつのは、つぎのような見かただけである。すなわち、信仰者・宗教者は、「わたしは信じない」という不信者の言明を、まだ神や仏の側から呼びかけられていない「我」への素朴で無思慮な確信を表明するものとしかとらえないだろう。「我」の根源的悪性への無自覚ゆえに、神や仏がさし延べる救済の手に触れることができないでいる者が、愚直な自己確信にもとづいて「わたしは信じない」と断じている。信仰者・宗教者は、不信者の在りかたをそのようにとらえ、不信者にむかって憐憫の情をさしむける。不信者は、自己の「不信」を合理的で正当なものとして保とうとするならば、その憐憫に気づき、それを徹底して拒否すべきだろう。ところが、多くの不信者は、みずからが憐憫の対象として卑しめられていることについて無自覚である。無自覚なままに、彼らは、「わたしは信じない」と述べることによって、信仰と宗教とにまつわるすべての問題が、自分にとっての決定的な解決を得たと信じてしまう。

不信者の側が、信仰者・宗教者の側の思想構造について無知なままに、信仰・宗教を否定することができたと信じ、反対に、信仰者・宗教者の側は、不信者の側の思想構造を的確に把握しつつ、そうした構造のもとでしか思考することのできない不信者を心の底から憐れむという事態は、不信者が信仰者・宗教者の前で、決定的ともいうべき敗北を喫していることを意味している。

その敗北から脱するためには、不信者は、「信」の構造に対して、その根幹を鋭く見とおす透徹したまなざしをもたなければならない。さらに、受動性あるいは他力を根底に据えた「信」の構造が、人間存在の悪性の自覚に根ざす点に思いをおよぼし、あえて、人間は悪ではないと主張することによって、はじめて、不信者は自己の思想的基盤を確保することができる。

「悪の思想」への洞察を欠き、したがって、それに対する何の反論もなしえない素朴な魂が、声高に不信であることの合理性を強調してみても、それは、信仰者・宗教者を包みこむ「信」の世界の前では無力でしかない。「悪の思想」は、信仰者・宗教者にとってのみならず、不信者にとっても、透徹した思索の対象となすべき思想だといえよう。

以上、本章の考察によって、親鸞、ひいては宗教的な深みのなかで思索する人々にとって、「信」がどのような構造をもつかがあきらかになったかと思う。受動性あるいは他力こそが、「信」の構造の根底に存する根本的な概念であることは、もはや疑えない。しかし、ここに一つの新たな問題が生じる。宗教的精神が、ただ受動性のみを強調するとすれば、本来宗教において追い求められていたはずの万人（衆生）の救済は、どのようにして可能になるのかという問題である。

親鸞の信心の出発点は、「単独者」として、たったひとりで、弥陀に対向することにある。それは、しかし、親鸞が、自分一個の救済を求めていたことを意味するわけではない。彼は、弥陀の広大な「大慈大悲心」によって、一切衆生があまねく救済されることを希んで、法然の他力浄土門に帰依した。「単独者」としての弥陀への対向は個別に行われるけれども、弥陀から付与される「信」に関しては、すべての念仏者が同等である、と親鸞は考えていた。その親鸞が、すべての念仏者が洩れなく救済されるという認識をもっていたことは、自明であろう。

だが、弥陀による救済が徹底して受動的なものだとすれば、人間の側は、万事に手をこまねいているだけでよいのか。衆生利益《りやく》のために、何ごとかをなすべき責務は人間にはないのか。親鸞は、この点についてどのように考えていたのだろうか。

第四章　悲憐

二種廻向

越後から常陸に移って十八年目、寛喜三年（一二三一）四月のこと。親鸞は、高熱を発して床についた。妻恵信尼が手紙に記録するところによれば、その親鸞に彼自身が驚きとせざるをえないような事態が起こった。法然の門に帰依して以来念仏以外の「行」をすべて捨て去ったはずの彼が、熱にうなされるまどろみのなかで、『大無量寿経』をくまなく読み、経の文字を一字洩らさずまぶたの裏にとらえたのだ。

折から、前年の秋の冷害のために、関東全域が飢饉にあえいでいた。人々は、山野に山菜を求め、海辺に藻を拾って餓えをしのぎ、奴婢《ぬひ》を養いきれなくなった地主たちは、廉価で彼らを売り払い、ようやく生活を維持するありさまだった。

そうした飢餓の現実を目のあたりにして、親鸞は、ほとんど無意識のうちに、経を読む功徳によって衆生の救済を図ろうとしたのだろう。親鸞は、いまさらのように、自力の執心の根深さを思い知る。と同時に、彼は、自力にもとづいて人々を救おうという試みが、現実のなかで何の効力も示さないことを痛感した。親鸞がどれほど懸命に経を読み、人々が飢餓から脱することを祈ろうとも、それは、所詮、現実の飢餓に対する処方を人々にむかって具体的に示すことにはつながらなかったからだ。

その折の体験は、自力の慈悲が苦に満ちた現実の前ではむなしいものでしかないことをあらわにした。聖道《しようどう》自力の慈悲は、貫徹されない。徹底した慈悲がありうるとすれば、それは、他力浄土門の慈悲にほかならない。そう考えた親鸞は、後に、唯円にむかってつぎのように語った。

慈悲に、聖道《しやうだう》・浄土のかはりめあり。聖道の慈悲といふは、ものを憐れみ、悲しみ、育《はぐ》むなり。しかれども、思ふがごとくたすけ遂ぐること、きはめてありがたし。浄土の慈悲といふは、念仏して、いそぎ仏《ぶつ》になりて、大慈大悲心をもつて、思ふがごとく、衆生を利益《りやく》するをいふべきなり。今生に、いかに、いとほし、不便《ふびん》と思ふとも、存知のごとくたすけがたければ、この慈悲、始終なし。

しかれば、念仏申すのみぞ、末とほりたる大慈悲心にて候ふべき。

（『歎異抄』第四条）

「慈悲には、自力聖道門の慈悲と他力浄土門のそれとの違いがある。自力聖道門の慈悲とは、一切のものを憐れみ、悲しみ、育てることをいう。しかし、自分の思いどおりに助けとおすことは、きわめて困難である。他方、他力浄土門の慈悲とは、念仏して、すみやかに仏となって、弥陀の大慈大悲心をわが心となしつつ、思いのままに一切の生きものに利益を施すことをいう。この世で、どれほど、かわいい、憐れだと思ってみたところで、思いどおりに助けることなどできはしないのだから、結局自力の慈悲はまっとうすることができない。したがって、ただ念仏を申すことだけが、徹底した大慈悲心ということになる」

慈悲とは、衆生に楽を与え、苦を取りのぞくことを意味する。ここに掲げた『歎異抄』の記述は、親鸞が、慈悲をいかに実践すべきかについて深い関心を寄せていたことを示している。これによって、親鸞が、自分ひとりの魂の救いを求めて浄土門に帰依したのではなかったこと、すなわち、彼が万人の救済を深く心にかけていたことが知られる。

しかし、親鸞は、みずからの修行の功徳を他者に振りむけようとする自力聖道門の慈悲は、「始終な」きもの、まっとうすることのできないものだ、という。彼の見るところでは、根本的な悪性を身に帯びて在る人間は、本質的に無力な存在者でしかない。親鸞は、そうした無力な人間が、「個」(個人)的次元で他者救済をこころざしてみても、それは不完全なものにとどまらざるをえない、と断ずる。彼によれば、もし万人を救済し尽くすことができる慈悲があるとすれば、それは、すべてを弥陀の本願に委ね一切のはからいをうち捨てようとする他力浄土門の慈悲以外にはありえなかった。他力浄土門に帰依する者は、根本的悪性を身に帯びた自己の無力を自覚するがゆえに、自分の力で他者に慈悲をさしむけることができるとは考えない。彼らは、ひとえに弥陀の「大慈大悲心」にすがり、それをわが身に受けることをとおして他者を助けようとする。それは、つまるところ、弥陀の願力による一切衆生の救済を追い求めることであって、それこそが、「末とほりたる」(徹底した)慈悲になりうる、と親鸞はいう。

『歎異抄』のこの条に関して注目すべきは、「浄土の慈悲といふは、念仏して、いそぎ仏になりて、大慈大悲心をもつて、思ふがごとく、衆生を利益するをいふべきなり」とある点である。

序章でも言及したように、先行の諸々の研究のなかには、『歎異抄』に関してつぎのように説く向きもある。すなわち、往相《おうそう》・還相《げんそう》の二種廻向《えこう》こそ親鸞生涯の思想的課題であるにもかかわらず、『歎異抄』はそれを明確な形で前面に押し出さない。だから、この書が親鸞思想の精髄を端的に反映するかどうかは疑問である、と。だが、「浄土の慈悲といふは〜」という一節は、往相・還相の二種廻向に明瞭にいいおよぶ言説である。すなわち、「念仏して、いそぎ仏にな」るとは、弥陀の導きのもとに「信」を与えられた者が、念仏をとなえ、弥陀のもとに摂め取られながら仏になることを意味する。それは、四世紀頃のインドの僧天親《てんじん》(世親《せしん》)の『浄土論』以来の思想的伝統のなかで、「往相廻向」と規定された事態を示すものといってよい。また、「大慈大悲心をもつて、思ふがごとく、衆生を利益する」とは、弥陀の願力に摂め取られて成仏を遂げた者が、ふたたびこの世（現生）へと立ち戻って、衆生を弥陀の光明の恩沢に浴させることにほかならない。それは、同じく、『浄土論』以来の伝統のもとで、「還相廻向」と称せられる事態を意味する。

往相廻向とは、念仏者各自が、弥陀の本願に摂取されて成仏を遂げることである。そこにおいて問題となるのは、各自の内面と弥陀の本願力との関係である。そこでは、まだ、衆生の救済は、喫緊の課題にはなっていないというべきだろう。ところが、還相廻向に関しては、衆生の救済が正面から主題化される。往相廻向によって仏となった者は、この世に在って苦に沈む者をどのようにして救済するのか、という視点から、還相廻向の可能性が模索される。『歎異抄』は、二種廻向という親鸞思想の根本概念に明確に言及し、しかも、その概念を駆使しながら、親鸞思想の精髄に肉薄してゆく書というべきだろう。

還相廻向の実践を追い求めることによって、親鸞は、弥陀への「信心」を個人的な問題としてとらえる次元から脱し、「信心」を万人救済の原理にまで拡張した。還相廻向とは、他者の利益を図りその教化に努める「利他教化」の行為、つまり利他行であり、この概念が親鸞思想の中核に定着する事実は、親鸞が他者のために力を尽そうという志向性をつねに自己の内面に定めていたことをものがたる。

浄土真宗の教義を打ちたてた親鸞と、それを継承しつつ教団の勢力の拡張につとめた浄土真宗中興の祖蓮如とが比較対照されるとき、しばしば、親鸞が自分ひとりの魂の救済を求めた思想家であったのに対して、蓮如は、万人の救済を求めた宗教者であったといわれる。蓮如が、内面を見つめる思想家に特有な外界に対して自己を閉ざそうという心の傾きを捨て去り、積極的に外部世界（社会）にかかわりながら、女性を含む多くの社会的弱者をいかにして救うかを具体的に考えつづけた事実を重く見るならば、彼を万人救済への志向性をその内面に確定した宗教者と見なすことは、けっして誤りだとはいえない。だが、万人へとさしむけられる蓮如のまなざしは、日本の浄土教の歴史のなかで、彼が最初に確立したものではなかった。それは、還相廻向、すなわち「利他行」に深い関心を寄せた親鸞のうちにすでに定められていた、と見るべきだろう。

親鸞は、ただ自己の利益だけをおもんぱかる態度を捨て、他者の利益をよりいっそう重視した宗教者であった。それは、親鸞の思想が、親鸞一個の内面的な問題にとどまるものではなかったこと、むしろ、この世の苦に悩むあまたの人々の心底に共感を呼び起こすものであったことを如実に告げる。

ただし、親鸞を利他行を旨とする宗教者と規定するにあたっては、つぎの一点に注意をはらっておく必要がある。利他行としての還相廻向は、たしかに人間によって実践される営みだけれども、その背後には、人間の意思を超えた超越者の配慮が存している点が、それだ。

弥陀の悲憐

前章で、親鸞における廻向観の転換に論及した際にも触れたように、親鸞にとっての廻向とは、人間が独力で善行を積み仏果（覚り）を得ようとする営みではない。それは、弥陀が人間にはたらきかけて彼らを「信」へと導き、ひいてはみずからの本願力のうちに彼らを摂め取ることを意味する。この点に留意するならば、親鸞のいう往相廻向とは、人間が自分の力にもとづいて自己を弥陀へと駆り立てることではなく、弥陀が人間を弥陀自身にむかって駆り立てる（往生させる）ことだと考えられる。

親鸞によれば、往相廻向を遂げた者は、仏になる。すると、浄土に往生した者が現生《げんしょう》に帰ってくることと同義である還相廻向は、仏が現生にあらわれることを意味することになる。仏と仏になる以前の人間とのあいだには厳然たる区別があるはずであり、両者は、いわば存在の次元と権能とを異にすると考えられる。そのように考えた場合、仏になった人間は、みずから意思して、つまり、あえて低次の世界に踏みこもうという強い意欲をもって、現生に還帰するかのように見える。そして、その意思的な回帰が、利他行の利他性をきわだたせるという見かたが可能になってくるように思われる。

親鸞は、「浄土高僧和讃」(『三帖和讃』所収)のなかで、師法然について、つぎのようにうたっている。

源空勢至《せいし》と示現《じげん》し
あるいは弥陀と顕現《けんげん》す
上皇群臣尊敬《じやうくわうぐんしんそんきやう》し
京夷《きやうい》庶民欽仰《きんがう》す

「法然聖人は、人々の夢のなかに勢至菩薩として姿をあらわし、あるいは、弥陀のお姿をもってあらわれたもうた。上皇とその臣下から、都鄙《とひ》の庶民に至るまでことごとくが聖人の徳を仰ぎ慕った」

ここには、現生において高徳を示した人物が、その死後に高貴な仏の姿をとってふたたび現生にあらわれる、という発想が示されている。親鸞が、つねづね師法然を勢至菩薩(智慧の菩薩）の示現と見ていたことは、妻恵信尼の手紙からも知られる。勢至菩薩などと同化した高徳の人物が現生に示現すると考えるとき、親鸞は、示現しようという意思が、その人物の自発性に由来すると見ていたように思われる。

だが、右に掲げた和讃に、「あるいは弥陀と顕現す」とあることを見落としてはならない。親鸞の見るところでは、法然は、勢至菩薩であると同時に、弥陀を本地《ほんじ》（仏の世界における本来の姿）とする存在でもあった。このことは、親鸞にとっての法然が、弥陀の意思を端的に具現する者としてこの世に在ったことを意味する。いったんは仏となった法然のこの世への再帰は、還相廻向の実践にほかならない。となれば、還相廻向は、仏となった衆生の、意思の自発性に発する営みではなく、弥陀の意向の具体化にほかならないというのが、親鸞の考えかたであったことになろう。

ちなみに、親鸞は、『一念多念文意《いちねんたねんもんい》』のなかの、還相廻向によって仏となる（成仏する）こととの意味に言及する文脈のなかで、「他力信楽《しんげう》のひとは、この世のうちにて不退の位にのぼりて、かならず大般涅槃のさとりを開かむこと、弥勒《みろく》のごとしとなり」と述べている。これによれば、「成仏」とは、この世で「不退の位」（信心が確固としてゆるがない境地）にのぼり、弥勒菩薩と等しい位置に立つことだったと考えられる。親鸞は、「成仏」という概念を強調するとき、衆生が弥陀と同列になりうると見ていたのではなかった。人間は、弥陀の導きを得て往生を遂げた後に、将来仏となることを約束された「菩薩」の位にのぼることはできても、ただちに「如来」(仏)となることはできない。親鸞は、厳密には、そう考えていたように見うけられる。

こうした考えかたによれば、還相廻向は、あくまでも弥陀の意思にもとづいて行われるもの、すなわち、往相廻向を遂げた者が弥陀に導かれつつ行う、いわば「実行させられる営み」だといわなければならない。となれば、親鸞がめざした利他行は、自力を徹底して排除するところに成り立つ行為、すなわち絶対他力の境地を具現する営みだったことになる。

弥陀が、往相廻向を遂げた者を現生へとさしむけるのは、いまだ往相廻向とは無縁な迷いのままに現生を生きる「底下《ていげ》の凡愚《ぼんぐ》」を悲しみ、憐れむがゆえである。前掲『歎異抄』第四条には、「聖道の慈悲といふは、ものを憐れみ、悲しみ、育むなり」とあった。衆生を悲しみ、憐れむ心、すなわち「悲憐《ひれん》」の情は、大乗仏教の根幹をなす宗教的心情にほかならない。しかし、その心情を内面にもった人間が、独力で(自力で)それを現実のなかに具体化させようとしても、むなしい結果しか得られない、と親鸞は考える。親鸞によれば、悲憐の情が弥陀によって抱かれ、弥陀の力(人間の側から見れば「他力」)によって具体化されるとき、人が他者にむかって慈悲を振りむける行為がはじめて意義あるものとなりうる。

弥陀の悲憐は、「底下の凡愚」の悲しみを汲みつくすことに端を発する。しかも、往相廻向を遂げた者は、弥陀の悲憐に身を貫かれながら、それをわが身を介して外に具体化する形で還相廻向を行わなければならない。となれば、わたしたちは、弥陀に導かれつつ、悲憐の情を自己の心底に定めるべきだということになる。

「煩悩具足の凡夫」という人間の規定は、くりかえし述べてきたように、自己の根本的悪性の自覚にもとづいている。悪人たらざるをえない宿命になって在る自己を悲しみのまなざしをもって見つめ、同時に、自分と同じように自己存在の悪性についての自覚を嚙みしめている他者を悲憐する心。そうした心を、弥陀から与えられたものとして自己の内面に定めることが、親鸞の浄土思想の基点だった。

すでにいくたびか指摘したように、親鸞は、念仏をとなえる人々は、その「信」に関して弥陀の前ではすべて平等だという認識をもっていた。この認識は、念仏をとなえる者は、貴賤、貧富、男女の別なく、弥陀を中心として、一つの共通の輪（円）をなす「同朋」「同行」にほかならないという思いを伴っている。親鸞の目から見れば、ともに念仏をとなえる「同朋」「同行」は、自己の悪性についての自覚とそれにまつわる悲しみとを共有している。したがって、弥陀から振りむけられたものとしての悲憐の情が衆生の内面に定まると考えるとき、親鸞は、「同朋」「同行」を悲しみの視線のうちにとらえ、彼ら相互の関係を、いわば「悲しみの同朋（同行）」と解していたものと推察される。

臨終往生

親鸞は、弥陀の悲憐の情に端を発する利他行としての還相廻向が、「同朋」「同行」を直接の対象として、往相廻向を遂げた者によって行われると考えた。こうした考えのもとで、もし、還相廻向が臨終後に可能になると見られているとすれば、それは非現実的な思考だといわざるをえない。

宗教的思惟は、常識を超える一面をもつ。ほかならぬ親鸞自身が、師法然の存在を弥陀や勢至菩薩のこの世への示現ととらえていた点を考慮するならば、親鸞もまた、常識を超える思考のもちぬしだったと考えるべきなのかもしれない。だが、もろもろの呪術的な思考や迷信を極力排除し、はては、黄金の蓮華《れんげ》のうえに金色《こんじき》の弥陀が座するという一般的な浄土像をすら否認する親鸞が、神秘的な考えかたをとったと見ることには無理があると思われる。

親鸞が神秘的思考を排したとするならば、彼は、臨終後の還相廻向という観念を否定したはずだと推察される。では、親鸞は、どの時点で還相廻向が行われると考えたのであろうか。

この問いを発することは、親鸞が、往相廻向の終着点をどこに見いだしていたのかを探ることと同義である。還相廻向は、往相廻向が完結した時点ではじめて可能になるからだ。この問いへの応答を模索する際に参考になるのは、『歎異抄』第九条のつぎのような記述である。第九条によれば、唯円はある日、親鸞にむかって、「念仏を申しても躍り上がって喜ぶ気持ちがわいてこず、すみやかに浄土にゆきたいという気持ちになれないのは、いったいどういうふうに考えたらよいのでしょうか」と尋ねた。これに対して、親鸞は、「この親鸞も同じ不審を抱いていた」と率直に自己の内面を吐露《とろ》し、念仏をとなえるという喜びに満ちた行為を喜べないのは、ひとえに「煩悩の所為」であって、そうした煩悩をもたざるをえないからこそ、かえって自分たちの往生は決定しているのだ、と語る。煩悩具足の凡夫を救おうという弥陀の意思の直接の対象は、念仏をとなえてなお歓喜の思いをもてないわたしたちだ、というのだ。

親鸞は、さらに、つぎのようにいう。

また、浄土へいそぎ参りたきこころのなくて、いささか所労のこともあれば、死なんずるやらんと、こころぼそく覚ゆることも、煩悩の所為なり。久遠劫《くをんごふ》より今まで流転《るてん》せる苦悩の旧里《きうり》は捨てがたく、いまだ生《む》まれざる安養《あんにやう》浄土は恋しからず候ふこと、まことに、よくよく煩悩の興盛《ごうじやう》に候ふにこそ。なごり惜しく思へども、娑婆の縁つきて、力なくして終る時に、かの土《ど》へは参るべきなり。いそぎ参りたきこころなき者を、ことに憐れみ給ふなり。これにつけてこそ、いよいよ大悲・大願《だいぐわん》はたのもしく、往生は決定《けつぢやう》と存じ候へ。

踊躍《ゆやく》・歓喜《くわんぎ》のこころもあり、いそぎ浄土へも参りたく候はんには、煩悩のなきやらんと、あやしく候ひなまし。（『歎異抄』第九条）

「すみやかに浄土へゆきたいという気持ちもなくて、ちょっと病気をわずらうことでもあろうものなら、死んでしまうのではないか、と心細く思うのも、煩悩のなせるわざである。無限の過去から現在まで流転し続けてきた、苦悩に満ちたこの世は捨てがたく、いまだ到達していない安楽浄土を恋しく思わないのは、そうとうに煩悩が強いせいだと思われる。しかし、この世と別れることを名残《なごり》惜しく思っても、現世の縁が絶えて、よんどころなく命が終わるときに、浄土へは参るはずだ。弥陀は、すみやかに浄土へゆきたいという気持ちになれない者を、特別にお憐れみになる。これにつけても、弥陀の大悲・大願はいよいよ頼もしく、すでに往生は定まっていると思われる。躍り上がるほどの喜びをもってはやく浄土へゆきたいと思うということになると、はたして煩悩はないのだろうか、と首をかしげたくなってしまう」

これによれば、親鸞のいう浄土とは、この世の彼方にあるもの、つまり現世を超えるものとして打ちたてられる世界であり、人間がそこに到達するのは、生命の火が燃え尽きた後ということになる。娑婆の縁が絶えて、よんどころなく命が終わるときに浄土へゆくことになる、という親鸞の認識は、臨終の時点に往相廻向の終着点をみとめるものにほかならない。ここでは、親鸞は、往生を「臨終往生」に限定してとらえている。

弥陀によって「信」を与えられ、念仏が自然に口をついて出る状態にあり、したがって、すでに浄土への往生が定まっていることを確信できる人ですら、いますぐに浄土にゆく気にはなれないのがつねだと語るとき、親鸞は、人間の心の現実（在るがままの姿）を冷静に見つめている。念仏者は浄土への強い憧れを抱いているはずなのに、少々の病をも不安に思い、死をおそれる。念仏者のそうした在りかたを凝視する親鸞のまなざしは、すぐれて現実的なものだといえよう。『歎異抄』第九条は、親鸞の思考が、現実を離れた地点で理念を組み立てるものではなかったこと、つまり、生《せい》の現実を直視するものだったことを如実に示している。

だが、往相廻向の終着点が、還相廻向の始発点でもあることを考慮するとき、そうした現実性は、非現実性へと反転してしまう。浄土が臨終を経て達するべき世界であるとすれば、還相廻向とは、いったん死んでしまった人間がふたたび現実に姿をあらわすことを意味することになり、そのような事態は、思考を非現実化することによってしかみとめられないものだからだ。親鸞は、そのことに気づいていなかったのだろうか。

即得往生

『末燈鈔』の第一書簡（消息法語＝手紙の形で弥陀の教えを述べたもの）の冒頭部で、親鸞はこう語っている。

来迎《らいかう》は諸行往生にあり、自力の行者なるがゆゑに。臨終《りんじゆ》といふことは、諸行往生のひとにいふべし、いまだ真実の信心をえざるがゆゑなり。また十悪五逆の罪人の、はじめて善《ぜん》知識《ちしき》にあふて、すすめらるるときにいふことなり。真実信心の行人《ぎやうにん》は、摂取不捨《せつしゆふしや》のゆゑに、正定聚《しやうぢやうじゆ》のくらゐに住《ぢゆう》す。このゆゑに臨終まつことなし、来迎たのむことなし。信心のさだまるとき往生またさだまるなり。来迎の儀則をまたず。

「弥陀の来迎は、さまざまな修行を積むことによって往生しようと企てる人のためにある。そういう人は、自力の行者だからだ。臨終時に来迎を期待するのは、修行を積むことによって往生しようとする人にあてはまることだ。そういう人は、まだ真実の信心を得ていないからだ。臨終時に来迎があるというのは、重罪を犯した罪人が、臨終に臨んではじめて導師に出会い、念仏をすすめられるときにいうことである。真に信心を固めた他力の行者は、摂め取って捨てないという弥陀の誓いにもとづいて、正定聚の位、すなわち、まさしく往生が定まっている地位につく。それゆえ、他力の行者は、往生のために臨終をまつ必要がない。来迎をたのむ必要もない。信心が定まるとき、同時に往生も定まるのだ。来迎の儀式など無用である」

親鸞の時代の浄土教の通念では、念仏者が臨終を迎えるとき、弥陀が二十五人の菩薩を率いて紫雲に乗って来臨し、念仏者を極楽浄土に引き取ると考えられていた。親鸞は、この通念に対して異論をとなえる。彼によれば、真実の信心、すなわち、他力浄土門の「信」にめざめた者は、弥陀の「摂取不捨」の誓いのもとで、すでに往生が定まった位についているのだから、臨終を重視しその時点での来迎をたのむ必要がない。信心は、弥陀から与えられるものだから、それが定まった瞬間、往生もまた決定する、と親鸞はいう。すると、『歎異抄』では往相廻向の終着点を臨終時にみとめた親鸞が、『末燈鈔』の第一書簡では、それを信心が確固としたものになった瞬間に求めていることになる。親鸞の考えには矛盾があるのだろうか。

『末燈鈔』の第一書簡を綿密に読むと、親鸞は、「信心が定まるとき、同時に往生も定まる」とはいっているけれども、「信心が定まるとき、同時に往生が遂げられる」とは述べていないことがわかる。ここでは、信心の確定と往生の実現とが同一視されているとはいいきれない。ところが、『一念多念文意』のなかで、親鸞は、こう語っている。

真実信心をうれば、すなはち無碍光仏の御こころのうちに摂取して捨て給はざるなり。摂はをさめ給ふ、取は迎へとると申すなり。をさめ取り給ふ時、すなはち、時日《ときひ》をもへだてず正定聚の位につき定まるを、往生を得とはのたまへるなり。

「真実の他力の信心を得れば、まさにその瞬間、弥陀は御心のうちに摂取してお捨てにならない。『摂』とは、おおさめになることをいい、『取』とは、迎えとることをいう。おおさめになり、迎えとりたまうとき、時日を隔てることなくただちに正定聚の位につくことをもって、往生を得ることだとおっしゃっているのだ」

ここには、「即得《そくとく》往生」という観念、すなわち、弥陀に導かれて「信」が固められたその瞬間に「信」の主体となる人は往生を遂げているという考えが、明瞭に述べられている。これによれば、親鸞は、「信心が定まるとき、同時に往生も遂げられる」と見ていたといわなければならない。

前掲の『末燈鈔』第一書簡は、建長三年（一二五一）、親鸞七十九歳のときに書かれている。一方、『一念多念文意』が完結したのは、正嘉元年（一二五七）、親鸞八十五歳のときのこと。同書の起筆が正嘉元年を数年さかのぼると仮定し、さらに、『歎異抄』の著者唯円が上京して直接親鸞に師事しはじめた時期を、善鸞義絶事件（建長八年、一二五六）の前後と推定するならば、親鸞は、信心の決定時と往生の完成時との関係をめぐって、相反する二つの見解を、ほぼ同時期に提示していたことになる。これは、何を意味するのだろうか。

この難問を、文献にもとづいて解決することは、おそらく不可能だろう。かりに、わずか数年のあいだに、親鸞が臨終往生説から即得往生説に移行したと考えた場合、ただちに、『一念多念文意』の完成年とほぼ同じ時期に書かれた書簡（『末燈鈔』第十三書簡）が臨終往生説を説いていることをどう説明すべきかというさらなる難問が生じてしまう。問題は、往生に言及する際、親鸞が還相廻向をどの程度配慮していたかを推理することによってしか解けない。

唯円の前で臨終往生説を披瀝《ひれき》したとき（『歎異抄』第九条）、親鸞は、還相廻向を念頭に置いていなかったのではないだろうか。すなわち、往相廻向による往生が定まっていることを知りながらも、煩悩にさいなまれて、その事実を喜べない凡夫の在りようをいかにとらえるかが『歎異抄』第九条に登場する親鸞の主たる課題であり、その課題に即して思惟するとき、彼は、還相廻向の問題をしばし思念の外に置いたものと推察される。

ところが、みずからの思想を凝縮された形で展開する『一念多念文意』においては、還相廻向を正面から見据える必要があった。その場合、もし、往相廻向の終着点が臨終時にあるとすれば、還相廻向はこの世への死者の回帰を意味することになり、その非現実性がきわだってしまう。親鸞は、それをおそれた。だから、彼は、『一念多念文意』のなかで、「信」が確定された瞬間に往生が実現されているとする即得往生の立場をとったものと考えられる。この立場によれば、還相廻向は、現世において往生を遂げた者が、ほかならぬその現世のなかで、いまだ往生を遂げることができないでいる人々を悲憐することを意味する。そのように意味づけられる還相廻向が、濃厚な現実性をもつことは、ことさら強調するまでもない。

即得往生とは、現世での往生である。現世においてわたしたちが往生を遂げるということは、浄土という彼岸の世界が現実世界のなかに滲透していることを意味する。したがって、もし、即得往生を往相廻向の実態と見る認識が親鸞の内部に確立されていたとすれば、彼は、浄土が現世の時間系列のなかに浸入していると考えていたことになる。そこに、親鸞以前の浄土教にはなかった新たな時間意識の成立を見てとることも可能だろう（拙著『「信」の思想』参照）。

共悲にもとづく悲憐

このように見てくると、親鸞の浄土思想を貫く基本的な認識は、およそつぎのようなものだったことがわかる。すなわち、弥陀の導きによって「信」を得た瞬間、人は往生を遂げ、さらに、日常の現実世界へと立ち帰って、他の苦にさいなまれた人々に弥陀の悲憐をさしむける。

この基本認識の根底に、親鸞特有の「悪の思想」が存することは、すでに論じたとおりである。人が、弥陀の導きによってしか「信」を得られないと親鸞が考えるのは、彼が人間存在の根底に悪をみとめたからであった。

親鸞によれば、人は、自分が悪人であることを自覚するがゆえに、独力によって覚りを得ようという企てを放棄し、自己のすべてを弥陀に委ねる。自己の悪性についての自覚は、自分には何の能力もないという思いとともに、深い悲しみをもたらす。弥陀の「悲憐」とは、その悲しみを悲しみ憐れむ心をさす。人は、その悲憐を弥陀から与えられつつ自己のものとし、それを他者に振りむける。したがって、他者を悲しみ憐れむ心は、自己の悪性を悲しむ者が、同じ悲しみを抱く他者を悲しみ憐れむ情にほかならないといってよい。

他者の悲しみをわが悲しみとして悲しむ心。本書では、それを「共悲《きょうひ》」と呼ぶことにしたい。

そうすると、悲憐とは、共悲にもとづいて成り立つ心性ということになる。他者を悲しみかつ憐れむ思いは、他者の悲しみのなかに自己を投げいれて他者と思いを「共《とも》」にする態度を前提としているからだ。

後述のように、共悲は、親鸞が仏教思想の文脈を追うことによって獲得した心性であると同時に、わが国の根生《ねお》いの思想から彼が導きだした心性でもある。この心性は、「同朋」「同行」の意識として、親鸞の内面に定められる。すでにいくたびか述べたように、親鸞は、一方では、自己が「単独者」として弥陀の前に立つことを自覚しながらも、他方では、各々の「単独者」が弥陀から与えられる「信」はすべて同一であるという認識に立っていた。この認識は、弥陀を核として、そこから等距離の位置に輪（円）を形づくりながら衆生が立つという考えに結びついてゆく。念仏の門にはいる者は、弥陀という究極の目標に相連れ立ってむき合う者として、貴賤、貧富、男女などの別なく、全員が平等である、と親鸞は見ていた。

その平等な在りかたのなかで、人々は、互いの心底に悪の自覚にまつわる悲しみが存することを見極めあう。そうした見極めをとおして、人々は、他者の悲しみをわが悲しみとする境地に立つ。親鸞は、そう考えていた。したがって、親鸞において強調される「同朋」「同行」の意識は、まさに「共悲」という心性を端的に反映するものとして確定されていたといってよいだろう。

親鸞の悲憐の思想の根底をなす、共悲。それは、彼の忠実な祖述者唯円の内面に、異説を歎く心、すなわち、「歎異」の心として浮かびあがる。

唯円が『歎異抄』を書いた目的は、親鸞没後に流布した異説をただすことにあった。あえて異説を正面から見据え、それを論難しなければならなかった悲しみを、唯円は『歎異抄』の後序でつぎのように表現している。

悲しきかなや、幸ひに念仏しながら、直《ぢき》に報土に生れずして、辺地に宿をとらんこと。一室の行者のなかに、信心異なることなからんために、泣く泣く筆を染めて、これを記《しる》す。名づけて、歎異抄と言ふべし。外見《げけん》あるべからず。

「悲しいことだ。幸いにも念仏しながら、ただちに真実の浄土に生まれることなく、浄土のかたすみに宿をとるとは。親鸞聖人に教えを乞うて一室に集まった念仏の行者のなかで、信心の内容が異なるという事態がないようにするために、泣く泣く筆をとって、この書を著わした。名づけて、歎異抄という次第。念仏の同朋以外の人々にむやみにこれを見せてはならない」

異説・異議を歎き、それをただそうという唯円の態度については、つぎのように説く向きもある。すなわち、自己の正当性・正統性を声高に主張する彼の態度は、凡夫の罪深さを静かに見据え、あえて異説・異議を論難しようとはしなかった親鸞の真意から逸脱するものだった、と。異説・異議は、すでに親鸞在世のころから横行していた。そうした現実に直面して、親鸞が「こころにくくも候はず」（気にしておりません）と述べていること（伊藤博之氏、新潮日本古典集成『歎異抄　三帖和讃』解説）を重視するならば、異説・異議を徹底して除去しようとする唯円の姿勢は、親鸞の遺志を忠実に受け継ぐものではないといわざるをえない。しかし、この点に関して注意を要するのは、異説・異議を論難するとき、唯円は、けっして「正当にして正統なる自己」を高みに置いて他者の愚劣を見くだそうとしていたわけではなかったことである。

『歎異抄』の「歎」とは、文字どおりなげき悲しむことにほかならない。人は、弥陀から与えられた「信」にもとづいて念仏することによって、弥陀の本願力に摂め取られる、という親鸞の教えから逸脱することは、唯円によれば、真実報土（真の浄土）への往生の可能性を失うことを意味する。唯円は、「一室の行者」が異端におちいり、往生の可能性を喪失することを悲しんだ。彼は、異端のうちに踏み迷い真実の「信」からはみ出してしまった同朋・同行の悲しみをわが悲しみととらえて共悲した。彼は、その共悲にもとづいて、異端をただそうとした。

唯円の真意は、自己の正当性・正統性を声高に主張することにあったのではない。彼は、邪見の悲しみに沈む人々を、共悲の心をもって救おうとした。この点を見過ごして、唯円を批判する論調は、彼の「歎異の心」の本質を的確にとらえるものではないというべきだろう。

このように、共悲という心性は、自分以外の苦悩者を悲しみかつ憐れむ悲憐の心の根底に存するものとしてとらえられながら、親鸞から唯円へと受け継がれていった。ただし、このことは、親鸞や唯円が、一切衆生に対して無差別に共悲の心をさしむけたことを意味しているわけではない。親鸞や唯円の見るところでは、衆生のなかには、いかにしても救われがたい者、いいかえれば、絶対に共悲の対象とはなりえない者がいた。

救われがたき者

五木寛之氏は、『他力』という随想録のなかで、蓮如によって確立された浄土真宗には、「無差別救済」の理念があり、それによれば、無差別殺人を犯した者はいかにとらえられるかという問題が提起されるという。ここで注意しなければいけないのは、念仏を信じない者、それゆえに悪逆無道なる自己を顧みない者も、弥陀による救済の対象になりうるという認識が浄土真宗にはあったとする短絡的な考え方ではないだろうか。

五木氏の関心は、その著『蓮如』からもあきらかなように、おもに浄土真宗中興の祖蓮如にむけられている。親鸞や唯円は氏にとって、いわば外縁的な存在でしかないように見うけられる。したがって、親鸞や唯円の説くところを根拠にして、氏の指摘を論難することは差し控えるべきかもしれない。しかし、蓮如が親鸞の所説に可能なかぎり忠実にしたがいながら自説を確立した宗教家・思想家であった点を重視し、かつ、蓮如自身が浄土真宗の根本を示す文献として編んだ『御文（御文章）』のなかに念仏を否定する者の往生を可能と説く文脈が見あたらない点に留意するならば、浄土真宗においては「無差別救済」と「無差別殺人」とが表裏一体なのではないかとする見解が妥当かどうか、疑問とせざるをえなくなる。

浄土真宗において「無差別救済」がとなえられると考える人はその論拠として、浄土真宗が親鸞以来の伝統のなかで「悪人もまた往生することができる」と説く点に注目する。「悪人もまた往生することができる」という説を、単に、悪性をになって在る者が往生できることを強調するものと解釈し、悪性に関する自覚の有無の問題を考慮の外に置くとすれば、そこに「無差別救済」の理念があると見ることも十分に可能になってくる。

だが、本書第二章で詳しく論じたように、親鸞は、厳密には、「悪人もまた往生することができる」と述べているのではなく、「悪人こそが往生できる」と断じて、いわゆる「悪人正機の説」を展開している。しかも、「悪人正機の説」は、自己の根本的悪性を自覚している悪人が往生を遂げ、それを自覚できない善人は弥陀の本願の直接の対象とはならない、と説くものだった。万人の「無差別救済」という考えは、親鸞とは無縁の地点で立てられた理念というべきであろう。

親鸞とは本質的に無関係な理念が、浄土真宗の伝統と見なされてしまう背景には、ある誤解が存している。その誤解は、『歎異抄』第十一条のつぎの一節を読み誤ることによって起こるもののように思われる。

つぎに、自らのはからひをさしはさみて、善・悪の二つにつきて、往生のたすけ・さはり、二様《ふたやう》に思ふは、誓願の不思議をばたのまずして、わがこころに往生の業を励みて、申すところの念仏をも自行《じぎやう》になすなり。この人は、名号の不思議をもまた信ぜざるなり。信ぜざれども、辺地《へんぢ》・懈慢《けまん》・疑城《ぎじやう》・胎宮《たいぐ》にも往生して、果遂《くわすい》の願のゆゑに、つひに報土に生ずるは、名号不思議の力なり。これすなはち、誓願不思議のゆゑなれば、ただひとつなるべし。

ここで、唯円は、親鸞の思想を踏まえながら、弥陀の誓願（本願）の力と名号の力とを別々にとらえる異説をしりぞけ、両者が本来一体であることを強調している。唯円はいう。

「自分のはからいをさしはさんで、善・悪に関して、善は往生を助け、悪は往生をさまたげると考えるのは、弥陀の誓願の不思議を信じないばかりか、自分の力で往生のための行を励み、となえるところの念仏をも自力の行にしてしまうことを意味する。こういう人は、誓願の不思議を信じないばかりか、名号の不思議をも信じていない。信じていないけれども、こういう人も、いったんは、真実の浄土から遠ざかった辺地、懈慢、疑城、胎宮などの世界に生まれた後、やがて、弥陀の、往生を願う者にかならず往生を遂げさせようという果遂の願にあずかって、最後には真実の浄土に往生することができる。それは、名号の不思議な力による。このことは、誓願の不思議な力にもとづくことでもあるので、誓願の力と名号の力とは一体であるはずだ」

一見、ここでは、弥陀の誓願に「信」を置かず、名号の功徳をも信じない不信者が「果遂の願」によって浄土に迎えとられることが説かれているように見える。浄土真宗が、不信者をも含めた万人の救済を追い求めるという認識は、こうした読解にもとづいて成立しているのだろう。

だが、当面の一節を熟読してみると、ここで「果遂の願」の対象とされている者は、「わがこころに往生の業を励みて、申すところの念仏をも自行になす」者、つまり、他力に「信」を置くことのできない自力の念仏者であることがわかる。他力の念仏者はもちろんのこと、自力の念仏者でさえも、最終的には真実の浄土への往生を遂げることができるというのが、唯円の真意である。注意しなければならないのは、唯円は、自力の念仏をすらとなえない不信者をまったく念頭に置いていない点である。この点に着目するならば、唯円、ひいては、彼の所説の原拠となった親鸞に、「不信者の往生」という観念があったとは、とうてい考えられない。

親鸞は、和讃のなかで、いくたびも、念仏の教えを否定する者が救済の対象とはなりえないことを強調している。たとえば、「正像末法和讃《しようぞうまつぽうわさん》」(『三帖和讃』所収)のなかで、彼はつぎのようにうたっている。

念仏誹謗《ひはう》の有情《うじやう》は
阿鼻地獄《あびぢごく》に堕在《だざい》して
八万劫中《はちまんごふちゆう》大苦悩
ひまなく受くとぞ説きたまふ

「念仏を誹謗する人々は、無間地獄に堕ちて、八万劫という無限の時間、絶えまなく大きな責め苦を受けるとお説きになっている」

自己を恃み、みずからのはからいで往生を遂げようとする者は、かろうじて救われる。しかし、念仏そのものを侮《あなど》り、ひいては弥陀の本願力を否定する者は、永劫にわたって救われない、というのが親鸞の考えだった。

こうした考えに立つ親鸞は、念仏の教えを信じない（あるいは、否定する）不信者を共悲の対象とはしない。親鸞によれば、不信は、自己存在の悪性についての無自覚に由来するもので、不信者はみずからの悪を悲しむ心性と本質的に無縁である。彼は、そのような不信者に共悲の思いをさしむけることはとうてい不可能だと見ていた。

唯円もまた、当然、こうした見かたを受け継いでいただろう。このことは、彼が、先に掲げた『歎異抄』第十一条の一節で、自力の行者の救済に言及しながらも、念仏の教えを信じない者については一言も語っていないことから容易に推察することができる。唯円にとって、不信者は論じるに価《あたい》しない存在だった。

したがって、罪もない人々を無差別に殺傷するような極悪人でさえも、そのままの姿で（弥陀の教えに帰依しないまま）救済されるという認識は、親鸞や唯円の抱くところではなかったと考えなければならない。共悲に価せず、それゆえ、弥陀の悲憐から洩れる人間の存在を親鸞や唯円は、はっきりとみとめていた。彼らは、どのような人間であれ、すべての人が無条件に弥陀によって救済されるというような甘い認識とは無縁であった。

共悲の系譜

親鸞において、他者の悲しみをわが悲しみとする共悲の境地は、自己の悪性に悩む自己が、同じように悪性を噛みしめている他者の心を悲しむ心の在りようとして立てられる。こうした境地は、じつは、古代以来のわが国の根生《ねお》いの思想のなかに芽生え、やがて親鸞の浄土教のなかに吸収されるに至ったもので、それは、さらに、国学のなかにもとりいれられてゆく。共悲とは、わが国の伝統思想の一環をなす思念で、これを継承する親鸞は、インドに端を発する浄土教という外来思想の受容者でありながらも、他方では、伝統思想のなかに足を踏みいれた思想家だったといえよう。この点を明確にすることは、浄土教の「悲憐の思想」がわが国固有の思想的伝統とどのように交差するのかをあきらかにすることにつながる。

『萬葉集』巻三には、「上宮聖徳皇子《かみつみやのしやうとこのみこ》、竹原《たかはら》の井《ゐ》に出遊《いでま》す時に、龍田山《たつたやま》の死人を見て悲傷《かな》しびて作らす歌一首」と題された、つぎのような歌がおさめられている。

家ならば　妹《いも》が手まかむ　草枕　旅に臥《こ》やせる　この旅人《たびと》あはれ（四一五）

一首は、「家にいたならばいとしい人の腕を枕にしているであろうに。草を枕にして旅の途中でひとり倒れ臥しておられるこの旅人の何といたわしいことよ」という意。一首は、見知らぬ旅人の横死をわがことのように悲しむ情によって貫かれている。こうした情を「共悲」と呼ぶことは、けっして的を逸していないだろう。とすれば、一首は、全体に共悲の思いを漂わせる作と解してよいことになる。

一首の題詞によれば、作者は聖徳太子である。『日本書紀』には、片岡に遊行した聖徳太子が、食に飢えた旅人《たびびと》を見て同情し、「飲食《をしもの》」を与え、「衣裳《みけし》」を脱いでかぶせたという逸話、およびその折に太子が詠んだ歌、

しなてる　片岡山に　飯《いひ》に飢《ゑ》て　臥《こや》せる　その旅人《たひと》あはれ　親なしに　汝生《たれた》りけめや　さす竹の　君はや無き　飯に飢て　臥せる　その旅人あはれ（歌謡一〇四）

が記されている（推古天皇二十一年十二月一日条）。当面の萬葉歌四一五は、その逸話と歌とを踏まえながら詠まれた作で、萬葉人によって太子に仮託されたものらしい。

『萬葉集』には、行路死人を哀悼する歌が多数おさめられており、それは、萬葉人が不本意な死にみまわれた他者の悲しみに同情を寄せる心をもっていたことを如実に示している。萬葉人は、聖徳太子を、そうした心を典型的にあらわす人物ととらえ、彼を最初の行路死人歌（四一五）の作者に擬したものと思われる。このことは、すでに萬葉の時代に、聖徳太子を聖者として尊崇する、いわゆる「聖徳太子伝説」が確立されていたことをものがたっている。萬葉人は、当面の一首を聖徳太子伝説にもとづいて太子に帰したといってもよいだろう。

聖徳太子の史実としての事跡と伝説とを区別しようという志向は、近代文献学の産物である。親鸞たち中世の日本人のあいだには、まだそうした志向は萌《きざ》していなかった。親鸞たちにとって、聖徳太子伝説は、架空の物語ではなく、太子の行動と業績とを跡づける「事実」にほかならなかった。

親鸞は、弥陀の本願を大乗仏教の根本ととらえる認識を獲得する契機となった生涯最初の夢告を、聖徳太子の磯長《しなが》の廟所（大阪府南河内郡太子町）で得ている（建久二年、一一九一、親鸞十九歳のときのこと）。また、彼は、晩年に、『大日本粟散王聖徳太子奉讃』という和讃集を編んでいる。したがって、親鸞が、太子を篤く尊崇する立場に立っていたことは疑えない。彼は、聖徳太子の影響下に、みずからの共悲の思想を固めたのではなかったか。行路に倒れた横死者の苦と悲しみとを思い、そこに同情を寄せる精神は、共悲の思想を具現する。親鸞は、そうした太子の精神に学び、それを範とするに至ったように見うけられる。

聖徳太子は、仏教の篤信者として知られる。この点を重視するならば、行路死人を痛惜する太子の姿が造形された背景には、仏教の慈悲の思想があったと考えることも可能になってくる。しかし、多くの萬葉人が、仏教と疎遠な地点に立って、共悲の心を示したことも事実である（拙著『日本人の愛』参照）。この点に留意するならば、太子の心の在りようを仏教にのみ由来するものと見なすことはできない。太子は、伝統思想と仏教思想とが交差する地点で、共悲に関する独特の境地を切りひらいたと見るべきだろう。

親鸞は、太子のその境地を受け継いだ。したがって、親鸞が、「共悲にもとづく悲憐」という観念を表明するとき、彼もまた、太子と同じく、伝統と仏教とが出会い、交差する場に立っていたというべきであろう。

伝統と仏教との出会いの結果、確立された共悲を重んじる思潮は、さらに、江戸期の国学をも巻きこんでゆく。

国学の大成者を本居宣長と見ることについては、誰しも異論がないだろう。本居宣長は、儒教、仏教などの外来思想に依拠しながら日本古来の物語を読み解こうとする姿勢を、「さかしら」としてしりぞけ、わが国の物語文芸は、外来思想に頼らない独自の原理によってその真意をあきらかにされるべきだ、と主張した。宣長が、独自の原理として提示するのは、「物の哀れを知る」という境地である。それは、「さかしら」な理屈をまじえることなく、人情の在るがままの姿を素直にとらえ、そこに感動を寄せることを意味していた。すなわち、感じるべきものに感じることこそが、「物の哀れを知る」ことにほかならない、と宣長はいう。『源氏物語』の独創的な注釈書『紫文要領《しぶんようりよう》』に見える宣長のつぎのような発言は、彼が、感じるべきものに感じるという態度の核心に共悲を置いていたことをほのめかしている。

人の哀れなることを見ては哀れと思ひ、人の喜ぶを聞きてはともに喜ぶ、これすなはち人情にかなふなり、物の哀れを知るなり。人情にかなはず、物の哀れを知らぬ人は、人の悲しみを見ても何とも思はず、人の憂へを聞きても何とも思はぬものなり。かやうの人を悪ししとし、かの物の哀れを見知る人をよしとするなり。

宣長はいう。他者の悲哀に接してそれをともに哀しみ、他者の喜びを聞いてそれをともに喜ぶ。それこそが、「物の哀れを知る」ということなのだ、と。ただし、宣長は、喜びには重きを置かない。喜びは、かならずしも他者の共感を求めるものではないからだろう。彼は、むしろ、人間の悲愁を重視し、それに接してわが心にも悲愁を抱くことのできる人物を「善」と見なす。彼によれば、他者の悲愁に触れて、何の感慨もおぼえない者は、「物の哀れ」を解することのできない「悪」人にほかならない。

このように、宣長は、共悲の心を「物の哀れを知る」ことの根幹に据えている。彼は、人間の行為の規範を共悲のうちに求め、そこからの逸脱を非人間的態度の源として厳しく批判する。彼によれば、人の悲しみをわが悲しみとすることのできない者は、「岩木のたぐひ」にも等しく、「はかなき鳥虫にも劣れる」者だった（『石上私淑言《いそのかみのささめごと》』）。

ちなみに、宣長は、浄土宗の信徒だった。時としてその思想の前面に押し立てられる宣長の徹底した排外的姿勢は、彼が終始仏教と無縁であったかのような印象を、わたしたちに与える。だが、村岡典嗣の『本居宣長』や小林秀雄の同名の書にも触れられているように、現実生活のなかでの宣長は、浄土宗に対して深い思いいれを示していた。

このことは、宣長の共悲の思想が親鸞のそれと無縁ではなかったことを暗示している。浄土宗の宗祖は、いうまでもなく親鸞の師法然だからであり、しかも、法然の思想は、親鸞によって発展的な形で確定された一面をもつからである。

聖徳太子から親鸞を経て、さらには宣長へという共悲の思想の系譜を描くことが妥当だとしても、このことは、ただちに、「共悲にもとづく悲憐」という観念が宣長にも受け継がれていたことを示すわけではない。悲憐とは、完璧な利他行を、すなわち、他者の利益をめがけての自己放擲《ほうてき》を積極的に志向するもので、それは、他者の悲しみをわが悲しみとする境地（共悲）

よりもさらにいっそうの高みにおいて確立されるからだ。しかし、すくなくとも、悲憐の基点としての共悲が、わが国の思想的伝統のなかに厳然と位置づけられていたことは事実である。そして、この事実は、古来日本人の精神が、他者の真情を思い遣り、それを心底から悲しみ憐れむという境地を具現しうる状態に在りつづけたことをものがたっている。

結　章　悪の比較論

宗教的実存

人間は、自己の生存の可能性を追い求めるかぎり、生存のための場（空間）を確保しなければならない。生存のための場を確保することは、その場から他者を排除することを意味する。人間存在は、本質的に排除の構造に貫かれているというべきだろう。その構造のうちに、人間に固有な、つまり、人間によってのみ意識化されうる「存在論的悪」が存する。親鸞は、このことを見据え、いわば宿命として存在論的悪をになう人間がどうすればその魂を救済されるのかという問題を、正面から問うた。「悪人正機の説」は、その問いに対して、親鸞がかろうじて与えることのできた、唯一の応答だった。

悪人正機の説にいう「悪」とは、道徳的・倫理的悪のことではない。親鸞にとって、道徳的・倫理的悪を犯すことは絶対に許されない行為であり、それを犯してなお恥じるところのない者がいかにして往生するかという問いは、じつは、親鸞思想とは無縁な場で立てられる問いである。それは、親鸞思想を跡《あと》づけ、そこに自己の「実存」の拠《よ》り所を求めようとする者にとって、およそ無意味な問いだ。従来の親鸞解釈は、この点を見誤り、悪人正機の説についてのさまざまな誤解を生んできた。

親鸞もまた、ひとりの人間である。だから、彼は、人間存在にまつわる宿命的で根源的な悪が、ほかならぬ自分自身の悪でもあることをみとめなければならなかった。他の仏性《ぶっしょう》を宿した存在者を排除する（傷つけ、あるいは、殺す）ことによって、ようやく自己の、在りかつ生きることを確定している自分のような者が、はたして救われうるのか否か。親鸞は、この問題を、他の誰のものでもない、自分自身の問題として問うた。

この問題を直視するとき、親鸞は、自己が現実のただなかに在るということ、すなわち自己の存在そのものに密接にかかわっていた。自己の「在ること」、いいかえれば「存在」に自覚的にむき合うことを「実存」と呼ぶならば、親鸞の提起する問題は、「実存」の意識に直結するものだったといえよう。

しかも、親鸞にとって、「実存」とは、宗教的な意味でのそれにほかならなかった。弥陀から与えられる「信」が「自然《じねん》」に、何のはからいもなく自己の内面にわき起こることによって、はじめて悪にまみれた自己が救われるとしか考えられなかった彼にとって、現に在る自己、ないしは、現実のなかに自己が在るということを見つめるまなざしは、宗教的なもの以外の何ものでもなかったからだ。

親鸞は、自己存在にまつわる悪の自覚から出発して、宗教的実存の境地へと立ち至り、そこにおいてさらに、超越者（弥陀）の権能（本願力）によって自己が救済される可能性を模索する。こうした思索の道筋は、しかし、親鸞だけに特有のものではない。それは、真の宗教者たることを自他ともにみとめる者のあいだに共通した道筋というべきだろう。たとえば、アウグスティヌスは、クリスト者としての自己の内面に刻まれた「原罪」(peccatum originale) の観念を、自己自身に密着するものととらえ、「原罪」を具現する現世の（生身の）人間である自己が、どうすれば救われるのかを真摯に問うた。アウグスティヌスもやはり、自己存在、すなわち自己の「在ること」そのものを鋭く見つめ、それが超越者（神）の意思のもとに救済の方向へと導かれる可能性を追い求めた。

親鸞の宗教思想の原点が「悪の思想」にあることは、もはや論をまたない。アウグスティヌスの宗教思想もまた、彼独自の「悪の思想」に根ざすものだった。これら二つの「悪の思想」を比較論的に検討するならば、親鸞の「悪の思想」の意義がいっそうきわだつだろう。

原罪の具現者

『告白』(*Confessiones*) 第二巻によれば、アウグスティヌスは、十六歳のとき、友人たちとかたらって、窃盗をはたらいたことがあった。彼の生家の近隣に生い茂っていた梨の木から夜陰にまぎれて多数の梨の実を盗みとったのだ。それは、法的な意味での大罪であったわけではない。他者に身体上の直接の危害を加えるのではないその罪は、法的には微罪にすぎなかったといってもよいだろう。

しかし、アウグスティヌスは、それを、もっとも低劣で許されがたい悪行と見なす。生存を圧迫する貧窮（空腹）が彼らを窃盗へとむかわせたのであれば、その罪も比較的軽微なものと見なされるかもしれない。だが、彼らは、空腹にさいなまれていたわけではなく、金銭的にも豊かな状態にあった。彼らは、盗むことそれ自体を楽しもうとして、いわば、刺激的な快感を得るために窃盗をはたらいた。それは、窃盗そのものが自己目的化された盗みであり、他の何ものかのために（たとえば、貧窮を解消するために）犯される「手段」としての盗みを、悪辣《あくらつ》さの点ではるかにしのいでいる。アウグスティヌスは、人間がこうした悪行の主体となりうる点に、人間存在にまつわる根源的な悪性を見いだした。そして、クリスト者としての彼の目は、その悪性を人祖アダム以来人類に連綿と伝えられた「原罪」の具現と見た。

アウグスティヌスによれば、その種の根源的悪性は、すでに幼児の段階で人間が自己の精神のうちに宿しているものだという。

わたしたちの、通常のごく一般的な思考は、人間の道徳的・倫理的な汚れは肉体的な成長につれて具体化し、かつ肥大してゆくもので、心身ともに未熟な幼児の段階では、人間はみな無垢だと見ている。ところが、アウグスティヌスは、彼の周囲の幼児たちの在りようを観察することをとおして、幼児期の自分を想像しながら、およそつぎのように語っている（アウグスティヌスには、愛人とのあいだにできた息子が一人いた。彼は、息子の幼児期をつぶさに観察したのかもしれない）。

幼児は、それを与えられれば有害になるものでも泣きわめいて得ようとし、自分のいうことを聞きいれてくれない大人たちに対して激しい敵意をもつ。そればかりか、幼児は、自分の親や思慮ある人々に、彼らが自分の要求を受けいれてくれないという理由で、たたくことによって害を加えようとする。（『告白』I.7.11）

アウグスティヌスは、「無垢の幼児」という俗信を否定し、ことばを習得する前後の段階の人間がすでに悪性をになっていることを明確にする。

幼児の時代から悪しき在りかたを示し、長じては人道を踏み外した悪行を犯すに至る人間を、アウグスティヌスは、アダム以来の原罪を全身であらわして在る者、すなわち、「原罪の具現者」と見なしている。彼の考えでは、原罪の具現者たる人間が独力で神に至る途を歩むという事態は、とうてい成立しえない。悪にまみれた人間は、まずは、その悪性を自覚すべきだ、とアウグスティヌスはいう。自己が悪であることの自覚によって得られる原罪への透徹したまなざしが、人間に、自己の至らなさ、無力さを痛切に意識させるからだ。そして、そうした至らなさ、無力さの意識に、神の絶対的善性の観念が対置され、神にむかって人間が自己を投げ出すときに、はじめて神の導きとしての「信」がもたらされる。アウグスティヌスは、そう考えていた。

したがって、アウグスティヌスは、ほしいままにふるまって恥じるところのない人間が、神の懐に抱かれる存在者へと変貌する転回点を、「謙遜」(humilitas) のうちに見いだすことになる。アウグスティヌスはいう。「神は、卑しき者を顧みるが、高ぶる者は遠くから眺めるだけだ。また、神は、心の砕かれた者には近づきたまうが、傲慢な人々によっては見いだされえない」(『告白』V.3.3) と。

「卑しき者」(humilia)、あるいは、「心の砕かれた者」(obtriti corde) とは、自己存在が悪にまみれていることについての自覚にもとづいて、自己の至らなさ、無力さを痛感しながら「謙遜」のうちに生きる人々をさす。アウグスティヌスは、こうした人々だけが、神によって「信」を与えられ、その魂を救済されると見ている。彼によれば、「高ぶる者」(excelsa)、すなわち、自己の能力に信頼を置く「傲慢な人々」(superbi) は、自己存在が悪にまみれていることについての自覚を欠き、自己の至らなさ、無力さに関する認識と無縁であるために、神の導き(信仰)を得られない人々だった。

アウグスティヌスは、生まれながらに身に負った原罪（根本悪）のゆえに、人間には能力的な限界があると見た。彼は、神が、原罪を身に負っていることを自覚する人間を、その限界を超える方向へ導くと考えている。人間の宗教的実存が固められる道筋をめぐるアウグスティヌスのこうした思想は、超越者を信じる心の深淵に肉薄するものといえよう。それは、「在ること」に密接にかかわる議論、すなわち実存論としての深さの面で、存在論的な悪の自覚が弥陀への絶対的な「信」をもたらすと説く親鸞の思想と並び立つ。だが、宗教的実存をめぐるアウグスティヌスの思索は、存在論的悪の根源を見極める透徹した論理を展開しているわけではない。アウグスティヌスの思索は、彼がクリスト者であることに宿命的につきまとうある矛盾を抱えこんでいる。

悪のアポリア

『告白』第三巻によれば、アウグスティヌスの時代にクリスト教（カトリック信仰）に対抗する宗教として一派をなしたマニ教は、クリスト教に対して、つぎのような問いを突きつけたという。

悪はどこから来るのか (unde malum est.)

マニ教は、世界を構成する原理として、「光＝善」と「闇＝悪」という二原理を想定し、最終的には「光＝善」の勝利に終わる二原理の葛藤が人間の現実を織り成すと考える。マニ教においては、「神による世界の創造」という観念が放棄され、神は善・悪二原理の葛藤する現実とは無縁の次元に据えられる。マニ教は、悪が人間的現実のただなかに存在する事実をみとめるけれども、そこにおいて現実世界の創造とは無関係な存在として想定される神は、悪の実在にはかかわらないことになる。

ところが、クリスト教は、わたしたちが生きている現実世界が、神によって創造されたと主張する。しかも、クリスト教において、神は全知全能にしてもっとも善なる存在である。神が善なる存在だとすれば、神による創造も、創造の産物としての現実世界も、ともに善なるものということになる。ところが、現実世界のなかには悪が実在する。これは、理論（教義）と現実との矛盾を示している。マニ教が発する「悪はどこから来るのか」という問いは、この矛盾を鋭くつくものだった。

アウグスティヌスは、この問いに生涯悩まされつづけた。十九歳のとき、キケロの『ホルテンシウス』に接して、「知への愛」(amor sapientiae) にめざめたはずの彼が、その後十数年のあいだ真の「知」を追い求める営みからとおざかった（『告白』参照。アウグスティヌスのクリスト教への回心は、三八六年、三十二歳のときのこと。アウグスティヌスは、自分が真の「知」に足を踏みいれたのはこの時点からだと考えている）のは、この問いに答えることの難しさについての自覚が、至高の神（クリスト教の神）に帰依することを思いとどまらせたからだった。すなわち、クリスト教の考えでは、真の「知」は、人が神から照明をあてられることによって獲得されるもので、その照明の欠如は、人が無知にあえがざるをえないことを意味する。アウグスティヌスは、クリスト教の神を信じることができなかった若き日の自分を、無知なる状態に甘んじる者ととらえた。

アウグスティヌスは、信仰の道において、マニ教をとるべきかクリスト教を選ぶべきかという問題をめぐって、長いあいだ思い悩んだ。苦悩の果てに彼は、マニ教を離れて、クリスト教の信仰に身を委ねた。マニ教は、一切の肉体的なもの（闇＝悪）を拒絶し精神的なもの（光＝善）だけを体現することのできる選ばれた人々の救済を追求するが、多年にわたって愛人と同棲し、時に肉欲の虜となることもあったアウグスティヌスは、マニ教の教えに自己の魂の救いを見いだすことができなかったからだ。彼は、神は神を篤く信じる者のすべてをわけ隔てなく救うと説くクリスト教の教えのなかに、自己救済の可能性を垣間見たのだった。

アウグスティヌスは、意図的にマニ教を捨てて、クリスト教に帰入した。だから、彼は、クリスト教の教義の齟齬《そご》を論理的に解消する途を模索しなければならなかった。彼は、善なる神による善なる創造という観念と、悪の現実存在（実際に悪が存在すること）とのあいだに生じる矛盾を解決し、マニ教が投げかける「悪はどこから来るのか」という問いに対して、明確な解答を与えるべき義務をになっていた。アウグスティヌスは、二つの視点から解答を導こうとする。

まず第一に、アウグスティヌスは、悪の実体性を否認する視点に立つ。彼によれば、悪はいかなる実体でもない。それは、厳密には、非存在と呼ぶべきものにほかならない。それを実体ととらえるマニ教は誤りを犯しているのだという認識を示しつつ、彼は、こう主張する。悪は、何ら積極的な存在ではない。それは、「善の欠如」(privatio boni) にすぎない、と。

第二に、アウグスティヌスは、悪は神にかかわるものではなく、それが生ずる原因は、人間の「自由意思」のうちにある、と主張する。彼はいう、「あることを欲したり欲しなかったりする場合、他の誰でもない、自分自身が欲したり欲しなかったりしていることはきわめて確実であり、そこにこそわたしたちの罪の原因が存する」(『告白』Ⅶ. 3. 5) と。ここで、アウグスティヌスは、悪の原因は、人間が自由に何かを欲することのうちにあり、それは神とは本来無関係だ、と説いている。

これらの二つの視点から導き出される論理は、一見、いずれも神の善性をそこなうことなく、創造の観念と悪の現実存在とを両立させることに成功しているように見える。

すなわち、第一の視点によれば、悪の現実存在は一種の仮象であって、それを実体ととらえて問題視する必要性はないことになる。また、第二の視点は、悪が人間的な行為・事態であること、したがって、それは本質的に神とは無関係であることを示しているように見うけられる。だが、これらの視点の意味するところをいっそう掘り下げて検討してみると、いずれについても、疑わしい点が生じてくる。

第一の視点のように、悪を「善の欠如」ととらえれば、実体としての悪は存在しないことになる。悪が「ない」と仮定すれば、神の善性と、神による創造の産物としての現実世界の善性とが、形式的に保証される。だが、この視点からは、悪が現実のなかに日常的に生じている事実を説明できず、さらに現実に悪に苦しめられている人々を救済する論理も提示できない。男の野獣のような欲望の犠牲になった女性や、父母を殺害された子どもに対して、「悪は善の欠如であり、厳密には非存在なのだ」といってみたところで、それは慰めにさえならないし、問題は何一つとして解決されないだろう。

第二の視点に関しては、たしかに悪を欲する自由意思は、人間の内的な原理であるけれども、その意思を人間に与えたのは善なる神ではなかったか、という疑問が生じてくる。善なる神から人間に与えられた自由意思は、善なる意思でなければならないはずだ。にもかかわらず、なぜ自由意思は悪しき方向にむかうのかが、当然問題になる。

「悪はどこから来るのか」という問題への解答を、クリスト教の教義にもとづいて模索するかぎり、アウグスティヌスは、以上のような重大な難問に出会い、それをアポリア（出口のない難題）として受けとめなければならなかった。このアポリアは、原罪説を立てる一方で創造論を展開するクリスト教にとって、避けてとおることのできないものだった。

原罪説は、人間性の根底に悪が存するという認識を示す。ところが、創造論は、善なる神による現実世界の創造を説くもので、それに依拠するかぎり、造られたもの（被造物）としての人間は当然善なる存在者であることになる。これは、決定的な矛盾というべきだろう。アウグスティヌスは、みずからの「悪の思想」を展開するとき、この矛盾に出会い、それを自己の精神の矛盾としてになった。彼の態度は、クリスト者として誠実かつ真摯なものだった。しかし、その矛盾の前に佇むかぎり、彼の「悪の思想」は透徹したものとはなりえなかった。また、彼の「悪の思想」は、存在論的な悪をその極限まで見極めようとするものでもなかった。

人間中心主義

アウグスティヌスは、『神の国』（*De Civitate Dei*）において、律法の「汝殺すなかれ」という戒めに論及している（I.20）。マニ教は、この戒めを拡大解釈し、それを人間はおろか、他のすべての動植物にまで適用されるべきものととらえる。

アウグスティヌスは、マニ教のこの解釈を厳しく批判する。彼によれば、すべての存在者は、「理性」(ratio) をもつか否かによって厳然と序列化される。すなわち、理性をもつ者は、それをもたない者の上位に位置し、上位に位置する者は、下位に位置する者を自由に取り扱う権限をもつ、という。しかも、アウグスティヌスは、その権限は、万物の創造者たる神によって保証されていると主張する。

アウグスティヌスのこうした考えかたは、人間が自己の利益のために他の生命体を犠牲にすることを正当な行為と見なす認識につながる。クリスト教の文脈のなかでは、人間は、神の「似姿《にすがた》」(imago Dei) であり、天使に次ぐ位置を占める高貴な存在者だからだ。他の生命体を犠牲にすることをよしとする認識に立つとき、人は、自身が衣食住という生存の基本条件に関して、一切の悪性から切り離されるのを実感するだろう。この認識のもとで、人は、安んじて、他の動植物から「目的」性を剝奪し、それらを単なる「手段」として利用することができる。

事実、アウグスティヌスは、他のすべての動植物は、人間の利益のために有効に利用されるべく、つまり、人間の生存に資するために存在すると説いた。

アウグスティヌスのこうした見解のなかには、明白な「人間中心主義」がみとめられる。すべての動植物が人間のために存在すると主張する人間中心主義は、自己の存在と生存とをめぐる苦悩の責め苦から人間を解放する。神によって天使以外の被造物の最高位に位置づけられた人間は、自分が在りかつ生きることを善と見なしてさしつかえないという認識が、こうした人間中心主義の論理的帰結となる。とするならば、人間中心主義の立場をとるアウグスティヌスにとって、原罪の具現として人間に付着する根本的悪性は、存在の基礎構造にかかわるものではないことになるだろう。すなわち、アウグスティヌスは、原罪への強烈な自覚をもちながらも、つまるところ、存在論的な視点からその原罪の本質を見極めることができなかったといえよう。彼のいう原罪とは、神との約定《やくじょう》を破るという意味での道徳的・倫理的悪にとどまるものだった。

理性をもつか否かによって存在の尊卑が決定されるという考えかたは、「理性主義」を端的に反映するものだ。その意味で、アウグスティヌスは、理性主義の枠のなかで思索しているといわざるをえない。阿内正弘氏の『理性の光と闇』が指摘するように、理性主義の根底には排除の論理が存する。理性主義は、理性の能力に関して優位に立つ者が、その能力に関して劣る者の生存と存在とを左右しうると考えるもので、しかも、「左右しうる」という認識は、「排除してよい」という考えかたに直結するからだ。

理性主義がみずからの理想とする「理性者の王国」(理性がすべてを決する世界)は、理性なき者、ないしは理性の能力において劣る者を徹底して排除することによって成り立つ。そこに立ちあらわれる排除の論理が構造的な悪性を内にはらむことは、おそらく論をまたない。アウグスティヌスは、この構造的な悪性に目をつむったまま、悪の存在する局面を、道徳的・倫理的次元に限定しようとする。自己存在の悪性についての自覚は、自己の無力さの認識に結びつく。いいかえれば、自己の無力さの自覚は、自己を善なる者・高貴なる者と見る視点からは生ずべくもない。その点に留意するならば、アウグスティヌスは、人間の限界性についての自覚の面で、透徹した視座を示すに至っていない、といえよう。

一方、親鸞は、存在者（一切衆生）が在るということそれ自体を見つめ、そこに存在者の根源的悪性をみとめる。いかなる存在者も他の存在者を排除することによってしか存在しえないこと、したがって、「在ること」（存在）そのものが重大な悪性をはらんでいることを親鸞は冷静に見据える。こうした、存在者の根本的悪性についての認識は、存在者の一端を占める人間の、善を追求する能力が、おのずから限界づけられていることへの自覚へと親鸞を導く。したがって、親鸞は、人間の限界性に直面し、それを突破する途を超越者（弥陀）と自己との交わりのうちに掻き探らなければならなかった。本質的に無力な自己が弥陀の導きによって「信」へといざなわれるという親鸞の宗教思想は、そうした模索（掻き探ること）の果てに確立されたものだった。

自己の無力さの自覚から、超越者によって与えられる「信」の自己の内面における確定を見定める段階へ、という道筋は、アウグスティヌスの思索のうちにもみとめられる。その道筋は、親鸞特有のものというよりも、むしろ、ほとんどすべての「実存」的な宗教思想家によって踏破されたものだというべきだろう。しかし、アウグスティヌスをはじめ、多くの宗教思想家が、無力さの自覚の原拠となる自己の悪性への洞察を、道徳的・倫理的次元に限定して行うのに対して、親鸞は、存在者の存在構造を直視することによって、つまり存在論的次元でその洞察を確定してゆく。その点において、親鸞の宗教思想、とりわけ彼の「悪の思想」は、他に類例を見ない深さを示しているといえよう。

道徳・倫理は、人間中心主義的な視点から人間によって作り上げられる規範である。それは、おのずから相対性をもつというべきであろう。したがって、道徳・倫理の次元で問題になる悪は、あくまでも相対的なものにとどまる。アウグスティヌスをはじめ、多くの宗教思想家は、こうした相対的な悪を見つめていたにすぎない。親鸞もまた、相対的悪に視線を投じ、それを犯すことを厳しく戒めている。だが、親鸞のまなざしは、そうした相対的悪を貫きとおして、さらに、その背後にうごめく絶対的な悪へとむかう。親鸞は、存在者の存在構造上の悪、すなわち、存在者の現に在る在りかたにまつわる悪が、その存在構造（在りかた）が不変であるかぎり、絶対的なものとして固められることを鋭く見抜いていた。

ただし、親鸞の「悪の思想」が透徹した視座のもとに展開されるということは、彼が何の矛盾にも出会うことなく、整然と自説を組み立てたことを意味するわけではない。アウグスティヌスは、創造論と原罪説との矛盾を身に受けることによって、みずからの「悪の思想」に齟齬をきたした。同様の矛盾は、親鸞にもみとめられる。

親鸞は、すべての存在者に仏性が宿るという見かたに立つ。そうした見かたに立ちながらも、他方では、彼は、他者を排除しなければ存在することができない存在者の存在構造に、根本的な悪性をみとめた。彼によれば、みずからの生存のために他者を排除しかつ犠牲にするすべての存在者は、本質的に悪なるものであった。ところが、仏教者としての彼の基本認識によれば、存在者はすべて仏性をもつ。ここに、仏性をもつ存在者がなにゆえに悪とならざるをえないのか、という一つの決定的なアポリアが生じる。

このアポリアに対しては、仏性は人間的善悪をこえる超越的な何ものかの在りかた（存在性）であり、それを人間的次元で論じることはできない、という認識が対置されるかもしれない。しかし、「善悪の区別を超えた仏性」という観念は、それを有する者もまた現実に悪として在る事実をくつがえすものではない。アポリアは、すくなくとも、現実を生きる人間にとって、重大な問題でありつづける。アウグスティヌスと同様に、親鸞もまた、自己が直面するアポリアを完全に解決することができなかった。

存在の負い目

本書において以上のように跡づけ、追思してきた親鸞の「悪の思想」は、「思想の骨董趣味」の対象にとどまるものではない。それは、上述のようなアポリアを解決不可能な難題としてはらみながらも、現代を生きるわたしたちに対して、一つのいきいきとした問いを投げかける。その問いがわたしたちをつき動かす力は、親鸞思想がわたしたちの生《せい》の現実に密接にかかわることを如実に示している。

その問いとはこうだ。

自己愛のあまり、極度に肥大した自我を、自己主張によって外界（他者）へと押しつけながら「いま」「ここ」を生きるわたしたちには、ほんとうに自己主張を行う資格があるのか。

幕末から明治にかけて西欧から移入された個人主義を「観念」として学んだわたしたち日本人は、十五年戦争での無残な敗北と、その後の軍事に依存しない経済の興隆とを経て、いまようやく、その個人主義を現実生活のただなかに具体的に表明することのできる段階に達した。企業や学閥にいまなお集団主義的な心性が顕著にみとめられる事実は、個人主義が確立されるとしても、それは私的な次元でのことにとどまることを示唆しているように見える。しかし、たとえ私的な次元でのことに限定されるにしても、各自の「個」(個性)を、単に「手段」として扱うべきではなく、むしろ「目的」として尊重すべきだという認識が、わたしたちの日常生活の内部に滲透しはじめている事実を、誰しも否定することはできないだろう。こうした認識のもとでは、各自が自分独自の思いや考えを明確に表明することがよしとされる。自己主張は、わたしたちの日常生活のなかで、重い価値をになう行為と見られている。

だが、親鸞の「悪の思想」は、自己主張を行う前に、ひるがえって考えてみるべき問題があることをわたしたちに示している。自己主張は、自己の思いや考えを正当なものと見る視点から行われる。もし、思いや考えが正当であるとすれば、その思いや考えの基盤になっている自己の存在もまた正当なものだということになろう。この意味で、自己主張は、自己存在の正当性、ひいては、自己存在の善性への確信のもとに遂行されるといってよい。しかし、親鸞の「悪の思想」によれば、自己存在を正当と見なすことのできる根拠は、どこにもない。親鸞とともに「自己が在るということ」の根底を見つめるとき、わたしたちは、自分が、他者を排除し、犠牲にすることによってしか生きられないという事実に直面することになる。この事実は、わたしたちに、自己の正当性の意識どころか、むしろ負い目をもたらすのではないだろうか。その、いわば「存在の負い目」とでもいうべき重荷をになうとき、わたしたちは、自分が正しいと信じながら外部にむけて自己主張することが妥当かどうかを自問せざるをえなくなる。その自問は、他者を排除し、犠牲にすることによってしか生きられない自分に自己を外界へと押し出す資格があるのか、と問うものにほかならない。

この問いに対しては、つぎのような答えが即座にかえってくるかもしれない。人間は、所詮悪しきもので、そのことを自分だけが負い目に感じる必要はない、という答えが。わたしたちは、ほとんど無意識のうちに、そうした答えを導き出し、孤独に負い目に耐えることから巧みに逃れることによって、自己の現実生活を組み立てている。だが、自分の外側へ、他者へと転嫁することをとおして負い目を稀薄にしてゆくその答えですら、一応は自己の悪性をみとめることによって成り立っている。その答えは、悪性の自覚を除去するものではなく、むしろそれを麻痺させるものだというべきであろう。

自己存在の根本的悪性についての自覚が負い目をもたらすとき、わたしたちは、巧妙で、さかしらな応答によって自意識を麻痺させるべきではない。わたしたちには、負い目を敢然と身に受ける勇気が必要ではないか。それを身に受けながら「いま」「ここ」に在る自分自身を見据えるならば、それを身に受ける以前には抱くことのできなかった存在にまつわる深い感覚が芽生えてくるはずだ。

それは、自分のような者が「いま」「ここ」に在ることをありがたいと思う感覚である。存在の負い目を身に受けることは、自分自身が本来在るべきでない存在者であると観ずることにつながってゆく。本来在るべきでない者が、「いま」「ここ」に在ることは、一種の幸運というべきだろう。幸運が、根本悪をになうがゆえに無力な自分の力によって、つまり「自力」によってもたらされたと考えることはできない。それは、自己の権能を超えた超越的な何かによって、つまり「他力」によって与えられたものだと考えざるをえない。したがって、存在の負い目をにないつつ「いま」「ここ」を生きる者は、自分が生かされて在ることを意識しつつ、生かしてくれる何ものかにむかって感謝を捧げることになる。

本来在るべきでない自己が、何ものかによって在らしめられているという意識。それは、「申し訳なさ」の感覚をわたしたちにもたらす。自分のような者が「いま」「ここ」に在り、しかも、なおも生きつづけたいと願っていること。そのことを「申し訳ない」という思いのうちにとらえる感覚が、わたしたちの内部に生じる。その感覚をもつかぎり、わたしたちは、他者にむかって自己を押しつけることを避けるだろう。

すべての自己主張が、「押しつけ」だといっているのではない。自己の生存を圧迫された人間が、ぎりぎりの地点で発する「生きたい」という叫びを「押しつけ」ととらえることは、おそらく許されることではないだろう。しかし、十分に生存の条件が保障され、多くの事物を自由な判断にもとづいて選択できる状況のなかで、さらに自己の思いを絶対化してゆこうとする型の自己主張は、「申し訳なさ」の感覚と無縁である点において、非人間的ですらある。「申し訳なさ」の感覚を内面に定めない者は、自己主張をくりかえすことによって、非人間性を露呈してしまう。

親鸞の「悪の思想」は、「個」の立場に立った自己主張を全面的に否定するものではない。自己主張が、根本悪の自覚に根ざしながら、悪しき自己のやむにやまれぬ主張として展開されるとき、親鸞は、おそらくそれを否定しないはずだ。そのとき、彼はいうだろう、「こころにくくも候はず」(気にしておりません)と。

だが、親鸞の「悪の思想」を是とする立場、あるいは、それにある程度の共感を寄せる立場に立つかぎり、わたしたちは、「個」としての自己の正当性への無反省な確信を徹底して否定しなければならない。その徹底した否定をとおして、わたしたちは、おそらく決定的ともいうべき変貌を遂げるだろう。その変貌が、「いま」「ここ」においてたてられている既存の道徳・倫理を、新たな形態にむけて発展的に止揚《しよう》する可能性を考慮するならば、親鸞の「悪の思想」は、現代においてなおその生命を維持しうる思想だといえよう。

親鸞の「悪の思想」は、人を暗澹たる情念のうちに沈める陰気な思想ではない。もとより、そこに無思慮な陽気さを見いだすのは穏当ではないだろう。だが、それは、人間の現実をあくまでも冷静に見極める思想であり、その冷静さは、暗鬱な気分とは本質的に無縁な、透きとおるような色合いを示している。親鸞の「悪の思想」は、澄み切った思想、透明な思想として、わたしたちの「実存」を空気のように蔽っている。わたしたちは、空気を吸引できない状態におちいったとき、はじめてそれの存在を実感する。親鸞の「悪の思想」も、わたしたちが自己存在の悪性を痛切に感じとっている状況のなかでは、その存在をあらわにしないだろう。だが、わたしたちが自己の悪性への自覚を欠落させ、無反省な自己確信のなかで自己を誇るとき、それは、その姿をきわだたせるにちがいない。

文献一覧（本書で引用したもの、および、比較的入手しやすい親鸞関係の文献など）

阿内正弘『理性の光と闇―理性の伝統から共感の伝統へ―』北樹出版　一九九七年
暁烏敏『歎異抄講話』講談社学術文庫　一九八一年
五木寛之『蓮如―聖俗具有の人間像―』岩波新書　一九九四年
五木寛之『他力　大乱世を生きる一〇〇のヒント』講談社　一九九八年
伊藤益『ことばと時間―古代日本人の思想―』大和書房　一九九〇年
伊藤益『日本人の愛―悲憐の思想―』北樹出版　一九九六年
伊藤益『「信」の思想―親鸞とアウグスティヌス―』北樹出版　一九九八年
伊藤益『日本人の死―日本的死生観への視角―』北樹出版　一九九九年
伊藤益『旅の思想―日本思想における「存在」の問題―』北樹出版　二〇〇一年
伊藤博『萬葉のいのち』塙新書　一九八三年
伊藤博『萬葉のあゆみ』塙新書　一九八三年
伊藤博『萬葉集釋注』（全十一冊）集英社　一九九五～一九九九年
伊藤博之『歎異抄　三帖和讃』（解説）新潮日本古典集成　一九八一年
稲岡耕二『人麻呂の表現世界―古体歌から新体歌へ―』岩波書店　一九九一年
上田義文『親鸞の思想構造』春秋社　一九九三年

上原英正『福祉思想と宗教思想―人間論的考察―』学文社　一九九五年
梅原猛『誤解された歎異抄』光文社　一九九〇年
大峯顯『親鸞のコスモロジー』法藏館　一九九〇年
大峯顯『宗教と詩の源泉』法藏館　一九九六年
大峯顯『蓮如のラディカリズム』法藏館　一九九八年
大森荘蔵『時は流れず』青土社　一九九六年
尾畑文正『歎異抄に学ぶ―共生の原理を求めて―』明石書店　一九九五年
澤瀉久孝『万葉集講話』講談社学術文庫　一九八六年
笠原一男『親鸞　煩悩具足のほとけ』日本放送出版協会　一九七三年
樫山欽四郎『悪』創文社　一九七七年
唐木順三『無常』筑摩書房　一九六五年
河上正秀『行為と意味―技術時代の人間像―』未知谷　一九九三年
菊村紀彦『蓮如　乱世に生きたオルガナイザー』社会思想社　一九九七年
倉田百三『出家とその弟子』岩波文庫　一九二七年
倉田百三『法然と親鸞の信仰』（上・下）講談社学術文庫　一九七七年
小坂国継『善人がなぜ苦しむのか―倫理と宗教―』勁草書房　一九九九年
小林秀雄『本居宣長』新潮社　一九七七年
三枝充悳『仏教入門』岩波新書　一九九〇年

佐藤正英『親鸞入門』ちくま新書　一九九八年
真宗教団連合編『歎異抄　現代を生きるこころ』朝日新聞社　一九八一年
新保哲『日本思想の諸相』西日本法規出版　一九九六年
杉浦明平『古典を読む　歎異抄』岩波書店　一九九六年
鈴木大拙『妙好人』法藏館　一九七六年
武内義範『親鸞と現代』中公新書　一九七四年
竹村牧男『親鸞と一遍』法藏館　一九九九年
立川武蔵『日本仏教の思想』講談社現代新書　一九九五年
田村実造『「歎異抄」を読む』日本放送出版協会　一九八六年
中島尚志『親鸞―悪人の浄土―』三一書房　一九八四年
中村元・三枝充悳『バウッダ　佛教』小学館　一九八七年
中村雄二郎『悪の哲学ノート』岩波書店　一九九四年
野間宏『親鸞』岩波新書　一九七三年
蜂屋慶編『教育と超越』玉川大学出版部　一九八五年
蜂屋賢喜代『正信偈講話』(上・下) 法藏館　一九八〇年
P・K・ファイヤアーベント、村上陽一郎訳『知とは何か―三つの対話』新曜社　一九九三年
E・フロム、鈴木重吉訳『悪について』紀伊國屋書店　一九六五年
F・ペレス『悪の形而上学』創文社　一九八一年

町田宗鳳『法然　世紀末の革命者』法藏館　一九九七年
町田宗鳳『法然対明恵　鎌倉仏教の宗教対決』講談社　一九九八年
真継伸彦『親鸞』朝日新聞社　一九七五年
マックス・ヴェーバー、尾高邦雄訳『職業としての学問』岩波文庫　一九三六年
村岡典嗣『本居宣長』岩波書店　一九二八年
山折哲雄『悪と往生　親鸞を裏切る「歎異抄」』中公新書　二〇〇〇年
山田晶『アウグスティヌスの根本問題　中世哲学研究I』創文社　一九七七年
山田晶『アウグスティヌス講話』教文館　一九九四年
吉本隆明『増補　最後の親鸞』春秋社　一九八一年
吉本隆明『未来の親鸞』春秋社　一九九〇年
吉本隆明『親鸞復興』春秋社　一九九五年

＊本書での『歎異抄』『三帖和讃』『末燈鈔』からの引用は、おもに新潮日本古典集成『歎異抄　三帖和讃』(伊藤博之校注）に拠った。

伊藤 益（いとう すすむ）

一九五五年、京都市生まれ。筑波大学大学院哲学・思想研究科博士課程修了。文学博士。現在、筑波大学哲学・思想学系助教授。専攻は日本思想。主な著書に『ことばと時間』（大和書房、日本倫理学会和辻賞受賞）『日本人の知』『日本人の愛』『「信」の思想』『日本人の死』『旅の思想』（以上北樹出版）などがある。

親《しん》鸞《らん》

集英社新書〇一〇二C

二〇〇一年八月二二日 第一刷発行
二〇一二年八月二五日 第二刷発行

著者……伊藤《いとう》 益《すすむ》
発行者……館 孝太郎
発行所……株式会社集英社
東京都千代田区一ツ橋二-五-一〇 郵便番号一〇一-八〇五〇
電話 〇三-三二三〇-六三九一（編集部）
〇三-三二三〇-六三九三（販売部）
〇三-三二三〇-六〇八〇（読者係）

装幀……原 研哉
印刷所……大日本印刷株式会社 凸版印刷株式会社
製本所……加藤製本株式会社

定価はカバーに表示してあります。

ISBN 4-08-720102-3 C0214

集英社新書　好評既刊

哲学・思想――C

知の休日	五木寛之
聖地の想像力	植島啓司
往生の物語	林　望
「中国人」という生き方	田島英一
「わからない」という方法	橋本　治
親鸞	伊藤　益
農から明日を読む	星　寛治
自分を活かす〝気〟の思想	中野孝次
ナショナリズムの克服	姜尚中　森巣博
動物化する世界の中で	東浩紀　笠井潔
「頭がよい」って何だろう	植島啓司
上司は思いつきでものを言う	橋本　治
ドイツ人のバカ笑い	ディーター・トーマほか編
デモクラシーの冒険	姜尚中　テッサ・モーリス-スズキ
新人生論ノート	木田　元
ヒンドゥー教巡礼	立川武蔵
退屈の小さな哲学	ラース・スヴェンセン
乱世を生きる　市場原理は嘘かもしれない	橋本　治
ブッダは、なぜ子を捨てたか	山折哲雄
憲法九条を世界遺産に	太田光　中沢新一
悪魔のささやき	加賀乙彦
人権と国家	スラヴォイ・ジジェク　岡崎玲子
「狂い」のすすめ	ひろさちや
越境の時　一九六〇年代と在日	鈴木道彦
偶然のチカラ	植島啓司
日本の行く道	橋本　治
新個人主義のすすめ	林　望
イカの哲学	中沢新一　波多野一郎
「世逃げ」のすすめ	ひろさちや
悩む力	姜　尚中
夫婦の格式	橋田壽賀子
神と仏の風景「こころの道」	廣川勝美
無の道を生きる――禅の辻説法	有馬頼底

a pilot of wisdom

新左翼とロスジェネ　鈴木英生
虚人のすすめ　康芳夫
自由をつくる 自在に生きる　森博嗣
不幸な国の幸福論　加賀乙彦
創るセンス 工作の思考　森博嗣
天皇とアメリカ　吉見俊哉　テッサ・モーリス-スズキ
努力しない生き方　桜井章一
いい人ぶらずに生きてみよう　千玄室
不幸になる生き方　勝間和代
生きるチカラ　植島啓司
必生《ひっせい》 闘う仏教　佐々井秀嶺
韓国人の作法　金栄勲
強く生きるために読む古典　岡敦
自分探しと楽しさについて　森博嗣
人生はうしろ向きに　南條竹則
日本の大転換　中沢新一
実存と構造　三田誠広
空《くう》の智慧、科学のこころ　ダライ・ラマ十四世　茂木健一郎
小さな「悟り」を積み重ねる　アルボムッレ・スマナサーラ
科学と宗教と死　加賀乙彦
犠牲のシステム 福島・沖縄　高橋哲哉
気の持ちようの幸福論　小島慶子
日本の聖地ベスト100　植島啓司
続・悩む力　姜尚中
心を癒す言葉の花束　アルフォンス・デーケン
自分を抱きしめてあげたい日に　落合恵子
その未来はどうなの？　橋本治